Eckart zur Nieden, Fröhliche Reise, Herr Minister!

ECKART ZUR NIEDEN

Fröhliche Reise, Herr Minister!

27 Interviews mit Zeitgenossen der Bibel

CHRISTLICHES VERLAGSHAUS GMBH
STUTTGART

ABCteam

Bücher, die dieses Zeichen tragen, wollen die Botschaft von Jesus Christus in unserer Zeit glaubhaft bezeugen.

ABCteam-Bücher erscheinen in folgenden Verlagen:

Aussaat- und Schriftenmissions-Verlag Neukirchen
R. Brockhaus Verlag Wuppertal / Brunnen Verlag Gießen
Bundes Verlag Witten /Christliches Verlagshaus Stuttgart
Oncken Verlag Wuppertal

© 1984 Christliches Verlagshaus GmbH, Stuttgart
Umschlaggestaltung: Klaus Müller, München
Gesamtherstellung: Druckhaus West GmbH, Stuttgart
ISBN 3-7675-3197-6

Inhaltsverzeichnis

Vorwort

»Ich vertraue nicht darauf, daß die Löwen keinen Hunger haben. Ich vertraue auf Gott!« sagt Daniel dem neugierigen Frager. Natürlich nur in diesem erfundenen Gespräch. In der Bibel ist uns eine solche Formulierung nicht überliefert. Aber vielleicht würde er so oder ähnlich antworten, wenn wir ihn fragen könnten. Auch all die anderen Personen, die in diesen Szenen auftreten, würden etwa so handeln und reden, wie es hier geschrieben ist, weil das zu ihrer Persönlichkeit paßt. Die allerdings ist nicht erfunden, sondern in der Bibel so geschildert.

Es liegt eine ungeheure Spannung in den Ereignissen, die die Bibel berichtet. Leider merken das viele nicht, weil sie sich schon zu sehr an die Geschichten gewöhnt haben, oder weil sie die Bibel von vornherein für langweilig halten und darum gar nicht erst lesen.

Die in diesem Buch zusammengestellten Dialoge sollen helfen, den Zugang zu den dramatischen Ereignissen der Bibel zu finden. Szenen voller Tragik begegnen uns in den alten Berichten, manchmal auch gefüllt mit Komik. Szenen, die uns erstaunen, die uns erschüttern und tiefe Erkenntnisse öffnen. Vor allem sind es Szenen, die uns Einblick in Gottes Handeln gewähren.

Unsere Generation ist es gewöhnt, sich nur noch von dem wirklich fesseln zu lassen, was entsprechend dramaturgisch aufbereitet wurde. So bleibt ihr manches verschlossen, was sie sich in der Bibel erst mit einiger Mühe erarbeiten müßte.

Die vorliegenden Dialoge sollen kein Ersatz für diese Mühe sein, aber Anreiz, der Sache nachzuspüren, »Appetithäppchen«, die den Hunger auf Nahrhafteres anregen. Dessen ungeachtet können sie aber auch für den, der nicht weiterforscht, ein Anstoß zum Glauben werden. Sie können den Mut wecken, wie jene Menschen der Bibel sich auf den Herrn zu verlassen und in den eigenen Verhältnissen ähnliche Erfahrungen mit dem lebendigen Gott zu machen.

Die Form des Dialogs hat sich durch die erste Verwendung in Sendungen des Evangeliums-Rundfunks ergeben. Vielleicht erweist sich dem Leser diese Not als Tugend, denn der Dialog ermöglicht es, all die Zweifel und Fragen des Menschen unserer Zeit an die Gestalten der Bibel heranzutragen. Jeder kann sich in dem Frager wiederfinden. Außerdem werden durch diese Form längere Vorgänge auf wenige Minuten zusammengezogen, Augenblicke von besonderer Bedeutung werden herausgehoben.

Wer Jugendstunden, Gottesdienste, Konfirmanden- oder Religionsunterricht und dergleichen zu gestalten hat, kann diese Szenen nicht nur selbst lesen, um Anregungen zu empfangen, sondern sie auch vorlesen, u. U. mit verteilten Rollen (aber nicht von unvorbereiteten schlechten Lesern). Noch eindrücklicher können sie wirken, wenn sie gespielt werden.

Dazu ein paar Hinweise.

Da die Dialoge (und nun Anspiele) kurz sind, wären aufwendige Kulissen nicht nur unnötig, sondern auch unangebracht. Tisch und Stühle, eine Gefängispritsche, ein Zaun oder eine angedeutete Mauer, über die sich einer der Beteiligten lehnt, ein Fenster, durch das er zu dem anderen hereinschauen kann – einfache Dinge dieser Art reichen vollkommen. Keinesfalls sollen die Spieler so verkleidet sein, daß den Zuschauern das Gelächter näher liegt als die Faszination (im Stil der Hirten und Weisen beim Krippenspiel mit Morgenrock und Kaffeedose). Zu empfehlen ist gar keine Kostümierung oder nur eine geringe. Wenn der Raum zu verdunkeln ist, sollte sich ein Scheinwerferkegel nur auf die Darsteller oder auf einen von ihnen richten.

Da es in diesen Szenen wenig oder gar keine sichtbare Handlung gibt, ist es besonders wichtig, die Aussagekraft einer guten schauspielerischen Gestaltung zu Hilfe zu nehmen. Professionelle Schauspieler stehen meist nicht zur Verfügung, sind auch nicht nötig, aber mit talentierten Laien sollte die Darstellung gründlich vorbereitet werden.

Um die Identifikation mit dem Frager zu erleichtern, sollte dieser am Anfang aus dem Publikum kommen. Vielleicht kann die biblische Person auch unsichtbar bleiben und die Stimme nur aus dem Lautsprecher ertönen. Der Phantasie sind hier keine Grenzen gesetzt.

Viele Aussagen der Dialoge sind nur verständlich, wenn die Zuhörer die biblischen Zusammenhänge kennen. Es kann also unter Umständen wichtig sein, daß der biblische Bericht vorher verlesen oder (z. B. bei Josef) der Zusammenhang mit einigen Sätzen erklärt wird. Die dürfen natürlich dem folgenden nicht die Spannung nehmen. In manchen Fällen empfiehlt es sich auch, den Text hinterher zu lesen – oder einen Teil davon vor, den andern nach der Szene.

Um das zu erleichtern, sind bei den Dialogen jeweils die entsprechenden Bibelstellen vermerkt.

Das Generalthema all dieser Gespräche ist das Vertrauen auf Gott. Wo und in welcher Lage wir uns auch immer befinden – auf sein Wort können wir uns verlassen. Der zweifelnde Mensch erkennt nur das Sichtbare, akzeptiert nur das Logische. Die glaubenden Menschen der Bibel rechneten unerschütterlich mit dem unsichtbaren, aber lebendigen Gott. Vielleicht helfen diese Gespräche dazu, daß wir es ihnen nachtun.

Noah: Schiffbauer aus Glauben
(1. Mose 6–8)

Seien Sie gegrüßt, Noah!
Gott zum Gruß, Fremder. Woher kennen Sie mich?
Es ist nicht schwer zu raten, wer Sie sind, wenn man Sie mit dem Beil vor diesem riesigen Gestell sieht. Im ganzen Land redet man von Ihnen. Sie sind das Gesprächsthema Nummer eins.
Und was redet man von mir?
Sie seien ein..., na ja, man sagt so allerlei.
Ich weiß, daß man über mich spottet. Sie können es also ruhig sagen.
Ein Spinner. Sie sind verrückt, sagt man. Weil Sie ein Schiff auf dem Land bauen.
Und was denken Sie über mich?
Na ja, ich weiß nicht. Ich finde es auch reichlich merkwürdig.
Erzählen die Leute auch, warum ich das Schiff baue?
Sie sagen, Sie erwarten eine große Flut.
So ist es. Gott hat es mir gesagt.
Aber... (Pause)
Sagen Sie nur, was Sie denken. Ich unterhalte mich gern. Vorausgesetzt, Sie empfinden es nicht als unhöflich, wenn ich inzwischen hier weiterarbeite.
Nein, nein, machen Sie nur. Sie haben es wohl eilig?
Ziemlich.
Weil die Flut bald kommt?
Sie wird nicht eher kommen, bis ich das Schiff fertig habe. Aber das gibt noch eine Menge Arbeit.
Allerdings. War das denn nötig, in dieser Größe zu bauen?

11

Es sind die Maße, die Gott mir gegeben hat. Bedenken Sie, daß ich viele Tiere mitnehmen will. Und Vorrat an Lebensmitteln und Futter.

Ich will Ihnen nicht zu nahe treten, Noah. Aber sind Sie sicher, daß das Ding überhaupt schwimmt?

Aber natürlich!

Und daß es auch hält? Bedenken Sie die ungeheuren Kräfte, die auftreten, wenn Wellen gehen. Das müßte man alles genau statisch berechnen. Es liegen keine Erfahrungswerte vor. Nie hat bisher jemand ein so großes Schiff gebaut. Na ja...

Was wollen Sie sagen mit diesem ›Na ja‹?

Och, nichts Besonderes.

Ich will es Ihnen sagen, und Sie brauchen es nicht abzustreiten. Sie wollten sagen: Na ja, was soll's, es wird sowieso nicht schwimmen. Hier oben kommt doch nie Wasser hin.

Sie haben mich ertappt. Und Sie selbst haben da überhaupt keine Zweifel?

Nein.

Aber Noah! Bedenken Sie doch, welche ungeheuren Mengen von Wasser da fallen müßten. Wo soll das denn alles herkommen? Und so hoch hier oben – da kann auch kein Hochwasser hinreichen, wenn wirklich mal das Meer über die Ufer tritt.

Ich weiß nicht, wie ès geschieht, aber daß es so sein wird.

Weil Gott es Ihnen gesagt hat?

Ja.

Aber Noah! Man kann sich auch manchmal etwas einbilden! Man muß doch, wenn man den Eindruck hat, Gott habe geredet, das Gesagte auch einer kritischen Prüfung unterziehen können. Ich meine, wenn es wirklich Gottes Weisung war, dann muß es auch vernünftigen Gegenargumenten standhalten.

Sie meinen, wir Menschen entscheiden, ob Gott recht hat oder nicht?

So würde ich es nicht sagen, nur...

Es läuft aber darauf hinaus.

Sehen Sie mal, kein anderer Mensch hat eine solche Weisung bekommen. Also, wenn ich so etwas Seltsames gehört hätte, dann würde ich mich erst mal rückversichern, wie die anderen darüber denken. Absolute Einzelgänger irren zu leicht. Verstehen Sie, ich wäre gegen mich selbst mißtrauisch – habe ich mich vielleicht verhört, bilde ich mir etwas ein? Haben Sie keine Angst vor der eigenen Courage?

Ich verstehe Ihre Frage sehr wohl. Ich hab' sie mir auch schon manchmal gestellt. Aber ich bin sicher, daß wirklich Gott gesprochen hat.

Aber niemand außer Ihnen...

Die Masse hat nicht immer recht. Und daß Gott zu den anderen nicht spricht, liegt vielleicht daran, daß er sie verderben will. Mich und meine Familie will er retten.

Weil Sie so fromm sind? Noah, Noah! Sie versteigen sich in einen frommen Hochmut, der schon krankhaft zu nennen ist. Lassen Sie sich gesagt sein...

Ich habe nicht gesagt, daß ich auserwählt wäre wegen meiner Frömmigkeit. Das haben Sie gesagt.

Aber Sie meinen es so.

Mir steht kein Urteil darüber zu. Das ist allein Gottes Sache. (Pause) Ich sehe Ihrem Gesicht an, daß ich Sie nicht überzeugen konnte.

Da sehen Sie richtig. Verstehen Sie, das Ganze ist so – ja, wie soll ich sagen – so abwegig. Ich will mich nicht mit Ihnen über Einzelheiten streiten, ob das Wasser bis hierher kommt, sogar bis über die Berge; ob das Schiff hält und schwimmt; ob es Ihnen gelingt, die Tiere alle zu fangen und da drin unterzubringen und was noch alles. Denken Sie darüber, wie Sie wollen. Aber die Sache selbst, verstehen Sie . . ., daß da eine Katastrophe eine ganze Menschheit vernichten soll. So etwas hat es noch nie gegeben. Man müßte doch irgendwelche Erfahrung haben, wenn man das glauben soll oder gar Beweise, daß Gottes Wort zutrifft.

Warten Sie nur. Der Beweis wird kommen!

Abraham: Emigrant auf Befehl
(1. Mose 11–12)

Verzeihung, sind Sie Abraham?
Ja.
Sie wollen verreisen? Ich sehe, daß die Kamele gesattelt und die Herden zusammengetrieben werden.
Verreisen ist gut! Auswandern will ich.
Auswandern? Aber warum? Geht es Ihnen nicht mehr gut in Ur? Es ist eine reiche Stadt! Und auch sonst läßt es sich hier doch gut leben.
Es ist eine reiche Stadt, ja. Und ich bin auch reich. Aber weder Wohlstand noch Armut ist der Grund, weshalb ich auswandere. Auch nicht Gesundheit oder Streit mit andern.
Sondern?
Gott hat es mir geboten.
Aha. Und wohin werden Sie auswandern?
Ich weiß es nicht.
Sie wissen es nicht?
Nein.
Aber das ist doch unmöglich! Ich meine, Sie müssen doch ein Ziel haben!
Gott hat gesagt, er will mir das Land zeigen.
Sind Sie ganz sicher, daß er das auch tut?
Natürlich!
Und wenn es nun ein hartes Land ist, unfruchtbar und ohne Regen? Oder voller Feinde?
Das ist Gottes Verantwortung.
Ich bewundere Ihren Mut.

Es ist kein Mut. Im Gegenteil: Ich habe Angst vor dem, was kommt, wenn ich's ehrlich sagen soll.

Verständlich. Wenn man sein Volk verläßt und seine Familie, die in Krisenzeiten helfen kann, dann hat man ja überhaupt keine Sicherheit mehr.

Das stimmt. Aber meine Sicherheit ist Gott selbst und sein Auftrag.

Entschuldigung, aber ist das nicht reichlich wenig? Ich meine, wenn es wirklich Hunger gibt, dann können Sie Gottes Wort nicht essen. Und wenn Sie gegen Feinde kämpfen müssen, ist das Wissen, von Gott beauftragt zu sein, wesentlich weniger wert als ein kräftiger Mann mit einem Schwert.

Es stimmt, daß es eine unsichere Reise ist, die ich antrete. Deshalb habe ich ja auch Angst. Aber es stimmt nicht, daß ich hilflos bin. Gottes Auftrag ist mehr wert als eine ganze Armee Bewaffneter. Und das Wissen, daß er mich begleitet, wird auch in Krisen helfen. Er selbst wird mir helfen.

Ich weiß nicht, ob ich Sie bedauern oder bewundern soll.

Tun Sie beides nicht. Beneiden Sie mich lieber! Denn so schwer mein Weg auch wird, es wird ein guter Weg werden. Denn Gott ist mit mir.

Jedenfalls wünsche ich Ihnen eine gute Reise, Abraham!

Jakob: Schwindler auf Gegenkurs
(1. Mose 32)

Sie müssen Jakob sein.

Woher kennen Sie mich?

Ich kenne Sie gar nicht. Nur Ihren Namen. Sie haben Ihn ja weit vor sich her ausposaunt.

Ausposaunt?

Na, also angekündigt. Es begegnete mir eine Ziegenherde. Und als ich die Hirten fragte, bekam ich zur Antwort, das Vieh gehöre ihrem Herrn Jakob. Der sende es als Geschenk an seinen Bruder Esau.

Das habe ich so befohlen.

Dann folgte eine beachtliche Schafherde mit dem gleichen Ziel, wie man mir bereitwillig erklärte. Kaum hatte ich mich von meinem Staunen erholt, tauchte eine Herde edler Kamele auf. Nicht genug damit. Es folgten noch Kühe und schließlich Esel. Es sieht aus, als wollte dieser Jakob sich mit aller Gewalt arm schenken.

So darf es ruhig aussehen. Ich habe genug.

Ich kann mir nur zwei Erklärungen für ein so maßlos übertriebenes Gastgeschenk denken. Entweder Sie lieben Ihren Bruder über alles –

Oder?

Oder Sie fürchten ihn.

Hm.

Ich scheine den schwachen Punkt getroffen zu haben.

Und wie kommen Sie darauf, daß ich nun dieser Jakob bin?

Sie sind der letzte. Zwei Hauptkontingente, strategisch ge-

staffelt, sind den Vorausabteilungen gefolgt. Aber der Chef war nicht darunter. Schließlich kam noch die Familie, aber auch sie ohne den Vater. Na, dachte ich, irgendwann muß der Mann ja auch mal selber kommen. Und tatsächlich – ein einzelner Mann hinkt durch die Wüste. Das müssen Sie nun wohl sein, Herr Jakob.

Ich heiße nicht mehr Jakob. Oder jedenfalls nicht nur. Mein neuer Name ist Israel. Sie sind der erste, der das erfährt.

Ich bin gerührt von soviel Ehre. Israel – hm – Gottesstreiter. Also, ehrlich gesagt, nach einem mutigen Streiter sieht Ihr Einzug im Lande nicht gerade aus.

Eher nach einem Hasenfuß, ich weiß.

So drastisch wollte ich es nicht sagen.

Wir wollen die Dinge ruhig beim Namen nennen. Ich schäme mich auch nicht meiner Vorsichtsmaßnahmen, da ich noch nicht weiß, was die vierhundert Berittenen zu bedeuten haben, mit denen mir mein Bruder entgegenkommt. Aber der Vollständigkeit halber will ich noch dazusagen, daß die Lage sich verändert hat. Als ich die Geschenke vorausschickte, wußte ich noch nicht, daß Gott mit mir ist.

Und jetzt wissen Sie das?

Ja.

Und Sie haben keine Angst mehr?

Das will ich nicht sagen. Ich weiß immer noch nicht, ob die vierhundert Reiter ein gutes oder ein schlechtes Vorzeichen sind. Aber ich bin sicher, ganz sicher, daß Gott mit mir ist, auch wenn es zu einem Kampf kommen sollte.

Und woher wissen Sie das auf einmal?

Er hat es mir gesagt.

Aha. Und wie? Ich meine, kam eine Stimme vom Himmel – oder?

Er selber war da oder ein Engel, ich weiß es nicht genau. Er sah wie ein gewöhnlicher Mann aus.

Sie erzählen mir da wirklich seltsame Geschichten, Herr Jakob-Israel. Also Gott selber ist Ihnen begegnet in der Gestalt eines Mannes?

Sag' ich doch.

Und woher wußten Sie, daß es nicht nur irgendein Mann war?

Fragen Sie nicht weiter. Es war eine geheimnisvolle und wunderbare Begegnung.

Und dabei hat er gesagt, daß er mit Ihnen ist und für Sie streitet? Und seitdem nennen Sie sich Israel?

Er nannte mich so. Außerdem heißt Gottesstreiter nicht, daß er für mich streitet, sondern daß ich mit Gott gestritten habe.

Was? Sie haben...

Mit Gott gerungen, ja. Bis vorhin, als die Sonne aufging.

(Spöttisch) Mit Gott gerungen, soso. Und darf man mal fragen, wer gewonnen hat?

Ich hielt ihn fest, bis er mir einen Schlag auf die Hüfte gab.

Deswegen hinken Sie so?

Ich habe nicht den Kampf gewonnen, aber ich habe durch den Kampf gewonnen. Verstehen Sie?

Nein.

Gott ist immer stärker. Aber manchmal läßt er sich etwas abringen.

Was haben Sie ihm denn zum Beispiel abgerungen?

Seinen Segen.

Segen? Sie machen's einem wirklich schwer zu folgen, Herr Gottesstreiter. Segen – den erbittet man gewöhnlich von seinem Gott, oder man erwartet ihn im Tausch für seine Opfergaben. Aber man erstreitet ihn doch nicht!

Es mag wohl verschiedene Wege geben, Segen zu bekommen. Ich war anfangs auch auf einem falschen Weg. Ich habe mir den Segen des Erstgeburtsrechtes durch Betrug erschlichen.

Das paßt allerdings nicht besonders gut zusammen: Segen und Betrug. Ah – jetzt verstehe ich auch! – Das ist der Grund für Ihr – sagen wir es vorsichtig – für Ihr gespanntes Verhältnis zu Ihrem Bruder.

So ist es.

Erst betrügen Sie Ihren Bruder darum. Dann ringen Sie mit Gott darum. Ihnen scheint ja wirklich sehr viel am Segen zu liegen.

Alles liegt mir daran.

Dabei sind Sie doch nun wirklich reich genug. So reich, daß Sie Ihrem Bruder ein Versöhnungsgeschenk machen, von dem andere Nomadenhäuptlinge ihr Leben lang nur träumen können.

Sie verstehen das falsch. Segen heißt nicht Reichtum. Jedenfalls nicht nur.

Sondern?

Eben, daß Gott mit mir ist. Und – ja, sehen Sie – mein Großvater, er hieß Abraham, hat von Gott eine besondere Verheißung bekommen, er wolle ihn segnen und durch ihn alle Geschlechter auf Erden. Von seinen Nachkommen, die drüben jenseits des Jordan leben sollen, würde Segen auf alle Völker ausgehen. Und in diesem Plan Gottes möchte ich drinstehen.

Und für diesen Segen ist Ihnen jedes Mittel recht?

Inzwischen weiß ich, daß vor Gott nicht jedes Mittel recht ist. Aber es ist ihm recht, wenn ich darum ringe.

Aber wenn es ihm so recht ist, warum hat er Sie dann geschlagen?

Das gehört auch zu seinem Segen.

Verstehe ich nicht. Ist es Gottes Segen, daß er jemanden fast zum Krüppel macht? Dann verzichte ich gern darauf.

Ja, es ist seine gute Absicht. Er erzieht mich. Er nimmt mir etwas von meiner eignen Kraft, damit seine Kraft in meinem Leben deutlicher wird.

Hoffen wir, daß diese Kraft auch deutlich wird, wenn Sie Ihrem Bruder mit seinen vierhundert Reitern begegnen.

Ich weiß nicht, wie das wird. Aber der Herr wird mit mir sein.

Na, Sie gesegneter Gottesstreiter, dann hinken Sie mal weiter in Ihr verheißenes Land.

Josef: Sklave mit Chancen
(1. Mose 37, 41)

Verzeihung, sind Sie nicht der Lieblingssklave von Potifar?
Gewesen, ja.
Gewesen? Sind Sie in Ungnade gefallen?
So kann man es nennen.
Ja, das ist halt so das Schicksal eines Sklaven. Äh, wie war doch gleich Ihr Name?
Josef, Sohn Jakobs, eines Nomaden aus Kanaan.
Josef, richtig. Hab mich damals gewundert über den ungewohnten Namen. So – und Sie kommen aus dem Bergland im Nordosten?
Ja.
Aber da waren doch lange keine Raubzüge unserer ruhmreichen Armee? Wie sind Sie denn da zum Sklaven geworden?
Meine Brüder haben mich verkauft.
Ihre Brüder? Hahaha! Entschuldigung, wenn ich lache, aber das finde ich zu komisch. Wohl ein Familienstreit, wie?
Dumme Frage. Natürlich ein Familienstreit.
Erbschaftsangelegenheit?
Nein, nein, es war nur – es war Neid.
Neid?
Ich war der Liebling unseres Vaters Jakob, und meine Brüder – wenigstens die zehn älteren – warfen mir vor, das sei mir zu Kopf gestiegen. Naja, vielleicht hatten sie gar nicht so unrecht.
Da müssen Sie noch sehr jung und unreif gewesen sein. Dafür hätten Ihre Brüder aber Verständnis haben sollen.
Nun, Gott hat zugelassen, daß es so kam.

Sie meinen Ra, den Sonnengott?

Nein, nein, ich meine den einzigen wahren Gott, der Himmel und Erde geschaffen hat. Der hat mit den falschen ägyptischen Göttern gar nichts zu tun.

Aha, und wessen Gott ist das?

Na, der Gott der ganzen Welt. Oder verstehe ich Ihre Frage falsch?

Ich meine, von welchem Volk wird dieser Gott angebetet?

Von uns.

Wer ist das?

Na, mein Vater und seine Familie.

(Spöttisch) Soso, alle Völker der Erde haben falsche Götter, nur ein gewisser Jakob mit seiner zerstrittenen Familie, nomadisierender Viehzüchter im kanaanäischen Bergland, der betet den einzigen wahren Gott an!

Spotten Sie nur, aber so ist es. Dieser Gott hat mich auch bis hierher begleitet.

In die Sklaverei? Und ins Gefängnis? Ein sehr fürsorglicher Gott.

Hätte es mir nicht viel schlechter gehen können?

Auch ein Argument. Aber schön, wenn man so veranlagt ist, daß man den schlimmsten Dingen noch eine positive Seite abgewinnen kann. Besonders Sie, junger Mann, können diese Eigenschaft gut gebrauchen, wo Sie offenbar so ein Pechvogel sind.

Ich bin kein Pechvogel. Ich stehe unter Gottes Führung.

Schon gut, schon gut. Wir wollen uns darüber nicht streiten. Können Sie mir auch erklären, wie Sie »unter Gottes Führung« hierher ins Gefängnis gekommen sind?

Durch Verleumdung.

Aha, erst Neid, dann Verleumdung. Und wer hat Sie verleumdet?

Potifars Frau.

Pst, nicht so laut, Mann. Wenn das jemand hört, kriegen Sie noch Schläge und Einzelhaft dazu.

Der Aufseher schätzt mich.

Aha, Sie scheinen einer von jenen zu sein, die immer auf die Füße fallen.

Eben haben Sie noch gesagt, ich sei ein Pechvogel.

Ja, es geht offenbar immer auf und ab bei Ihnen. Wenn das alles »unter Gottes Führung« passiert, wie Sie sich ausdrükken, dann ist diese Führung aber reichlich verwirrend und kompliziert.

Gerade da zeigt sich die Weisheit des Plans, den er mit mir hat.

Scheint mir eher planlos, dieses dauernde Hin und Her. Aber was ich noch fragen wollte: Womit hat die vornehme Dame Sie denn verleumdet?

Ich wäre zudringlich geworden, hat sie behauptet.

Und?

Wie – und?

Na, war nichts dran an ihrer Behauptung?

Gar nichts! Wirklich nicht!

Nicht mal ein vorsichtiger Versuch? Verstehen könnte ich's.

Im Gegenteil. Sie wollte dauernd was von mir!

Ich glaube Ihnen sogar, Josef. Ich sag's ja, Sie sind ein Pechvogel. Da nützt es auch nicht viel, daß Sie beim Aufseher einen Stein im Brett haben. Mit so einer Anklage kommen Sie hier nie wieder raus.

Es ist noch nicht aller Tage Abend.

Das stimmt, Sie sind jung und halten noch gut vierzig oder fünfzig Jahre hier drin aus.

Oder Gott führt mich heraus.

(Spöttisch) Ach ja, richtig, der Gott Ihrer zerstrittenen Nomadenfamilie hat ja einen Plan mit Ihnen.

So ist es.

Mose: Stotterer mit Beziehungen
(2. Mose 3–4)

Verzeihung, wer sind Sie denn?
Mose bin ich.
Mose – Mose – war das nicht der, der damals...
Richtig, der damals am Hof Pharaos war. Der einzige aus dem Volk der Hebräer, der eine höhere Bildung genossen hat.
Das Alter könnte stimmen. Das ist jetzt einige Jahrzehnte her. Aber dann – na, reden wir nicht darüber.
Doch, reden wir ruhig darüber! Dann erschlug ich einen Ägypter und mußte fliehen.
Und was führt Sie jetzt wieder hierher?
Ich will das Volk Israel aus Ägypten führen.
Wie bitte?
Sie haben richtig gehört. Ich will das Volk Israel aus Ägypten führen.
Das ist ein absurder Einfall. Entschuldigung, aber...
Das ist überhaupt kein Einfall. Das ist ein Auftrag Gottes.
Ein Auftrag Gottes? Des Gottes der Hebräer?
Ja, er hat mich angesprochen, als ich in der Wüste der Midianiter war, und hat mich hergesendet.
Aber das ist doch völlig unmöglich!
Doch, aus einem brennenden Dornbusch hat er zu mir geredet!
Das meine ich nicht. Ich meine, es ist doch völlig unmöglich, das Volk Israel aus der Gefangenschaft zu führen!
Das habe ich Gott auch gesagt beim brennenden Busch.

Und was hat Gott geantwortet?

Er wollte mit mir sein, hat er gesagt. Er will auch Zeichen seiner Wundermacht sehen lassen, zum Beispiel daß sich mein Stab in eine Schlange verwandelt.

Na, also, nehmen Sie mir's nicht übel, aber solche Sachen zeigen die Zauberer am Königshof jeden Tag. Ein ganzes Volk aus der Sklaverei zu befreien, dazu braucht es mehr als ein paar kleine Kunststückchen.

Er hat auch gesagt, daß mein Bruder für mich reden soll, weil ich eine schwere Zunge habe.

Noch nicht mal selber reden können Sie? Und da wollen Sie, ein alter Mann von achtzig Jahren, dazu ein steckbrieflich Verfolgter, eine solche politische Großtat vollbringen? Schlagen Sie sich das aus dem Kopf, Mose! Das kann einfach nicht gelingen! Im besten Fall endet es mit einem Blutbad, wenn Pharao den Aufstand durch seine Armee gewaltsam niederschlagen läßt.

Davor habe ich auch Angst.

Na also, lassen Sie die Finger davon!

Ich kann es nicht. Gott sendet mich.

Gott kann nicht einen Mann zu einem aussichtslosen Unternehmen senden.

Wenn Gott dazu sendet, ist es nicht aussichtslos.

Worauf gründen Sie nur Ihren Optimismus, wo alle vernünftigen Argumente dagegen sprechen?

Es ist kein Optimismus. Im Gegenteil, ich gehe nur zitternd an das Werk. Es ist Vertrauen.

Und worauf gründen Sie Ihr Vertrauen?

Darauf, daß Gott noch nie sein Wort gebrochen hat.

Dann kann ich Ihnen nur wünschen, daß es auch diesmal so

ist. Und daß Sie auch richtig hingehört haben, als er den Befehl gab.

Ich hätte lieber nicht hingehört. Aber sein Auftrag war nicht zu überhören.

Viel Erfolg, Mose, zitternder, ängstlicher Mose, für Ihre Revolution, für Ihr großes Werk der Sklavenbefreiung.

Es ist nicht mein Werk, es ist Gottes Werk.

Kaleb: Spion mit Courage
(4. Mose 13–14)

Nun, Kaleb, zufrieden?
Zufrieden? Womit sollte ich zufrieden sein?
Daß du recht hattest!
Als wenn ich aus Rechthaberei darauf bestanden hätte,
daß wir das Land Kanaan erobern können! Wie kann
man nur so denken!
Sondern?
Weil Gott es uns verheißen hat.
Hatte! Jetzt ist es vorläufig vorbei damit.
Ja, weil das Volk nicht auf Josua und mich hören wollte,
weil es ungläubig und verzagt war.
Also doch so ein bißchen Triumphgefühl?
Kein bißchen! Was sollte es da zum triumphieren ge-
ben? Wir haben eine große Chance verpaßt. Wir haben
außerdem unsern Herrn beleidigt. Nun müssen wir
weitere vierzig Jahre durch die Wüste ziehen. Daß ich
daran unschuldig bin und mit meiner Meinung recht
hatte, das ist kein Trost.
*Das sehe ich ein. Ja, du hättest eigentlich erst recht Grund,
dich zu ärgern, wo du nun unschuldig in das Elend mit hin-
eingerissen bist.*
Ich gehöre zu diesem Volk. Wenn es leiden muß, will
ich davon auch nicht ausgeklammert sein.
Eine edle Gesinnung, wenn sie wirklich so – ich meine...
*Also, ich will dich in keiner Weise beleidigen, Kaleb. Aber es
ist ja nicht zu belegen...*
Was willst du? Drück' dich klar aus! Im übrigen ist mir

egal, was ihr alle über meine Gesinnung denkt. Was Gott über mich denkt, ist wichtig.

Wohl wahr, wohl wahr... Äh, was ich meine, ist dies: Nachdem alle anderen wehklagend berichtet haben von eurer Kundschafterreise, war es ja für dich und Josua ziemlich gefahrlos, den mutigen Mann zu spielen. Die Mehrheit traute sich nicht zum Angriff. Also konntest du dich als Mensch voller Gottvertrauen zeigen. Was hättest du aber gemacht, wenn es auf dich allein angekommen wäre? Hättest du dann auch geraten, ins Land Kanaan einzufallen? Oder wenn die Mehrheitsverhältnisse anders...

Was unterstellst du mir! Aber denke, was du willst!

Nimm's mir nicht übel, Kaleb! Ich will dich, wie gesagt, nicht beleidigen. Ich kann mir nur so schlecht vorstellen, daß jemand aus ehrlichem Herzen dazu rät, sich in so ein lebensgefährliches Wagnis zu stürzen.

Es ist nicht lebensgefährlich, wenn wir uns auf Gott verlassen.

Naja, das hört sich schön an, solange man in Sicherheit ist. Aber wenn's wirklich drauf ankommt – also da steht man doch auf ziemlich unsicherem Boden.

Wer sich auf das einläßt, was Gott will, steht nie auf unsicherem Boden.

Ach, Kaleb, das sind so schöne Sprüche! Aber im Ernstfall...
Man darf sich nicht in einen frommen Rausch hineinsteigern, sondern muß die Dinge nüchtern sehen.

Wer glaubt, sieht nüchtern. Ich sehe die Dinge so, daß...

Wieder so eine Floskel!

Das ist keine Floskel, das ist Wahrheit! Wenn die anderen sagen, sie wären sich vor den Riesen wie Heuschrecken vorgekommen – ist das etwa nüchtern? Oder hat hier nicht vielmehr die Angst zur maßlosen Übertreibung gereizt? Und wenn sie berichten, die Mauern der festen Städte gingen bis an den Himmel – ist das etwa nüchtern? Oder hat nicht vielmehr die Furcht sie jedes vernünftigen Augenmaßes beraubt?

Hm.

Und als ihr alle in eurer Wut Steine aufhobt, um Josua und mich umzubringen, nur weil wir unsere Meinung sagten – war das nüchtern?

Hm.

Es wird Zeit, daß ihr endlich klarseht. Nicht wir haben uns in einen Rausch gesteigert, sondern ihr. Den Rausch der Angst, der die Sinne benebelt und die Wahrheit verschleiert. Den Rausch der Wut, der unfähig macht, falsch und richtig, wichtig und unwichtig zu unterscheiden. Das Vertrauen zu Gott dagegen läßt den Blick klar werden.

Willst du etwa sagen, daß bei näherem Hinsehen und nüchterner Betrachtung gar keine Gefahr bestand?

Das will ich nicht sagen. Ich habe nie behauptet, daß es ein Spaziergang werden würde. Aber ich habe gesagt, daß Gott uns den Sieg schenkt. Die von Gott gegebene Nüchternheit läßt die Gefahr klar erkennen. Aber sie öffnet die Augen nicht nur für die Realitäten dieser Welt, sondern auch für die der unsichtbaren Welt.

Die Realitäten der unsichtbaren Welt? Was willst du damit sagen?

Es stimmt, daß die Enakskinder uns an Größe weit

überragen. Aber ist unser Gott nicht noch viel größer und stärker? Es stimmt, daß die Städte hohe Mauern haben. Aber ist der Himmel nicht viel höher? Kann der Herr nicht von oben in die Festung hineinsehen, und können wir nicht mit ihm über Mauern springen? Es stimmt, daß das Volk sehr zahlreich ist. Aber sind wir nicht mit Gott immer in der Überzahl?

Ich gebe zu, daß mich deine Worte beeindrucken, Kaleb. Aber eben – es sind Worte. Wenn unser ausgehungertes Heer ohnmächtig vor einer riesigen Steinmauer steht und der Pfeilregen der Verteidiger herunterprasselt, dann helfen keine rhetorischen Kunstgriffe. Die können vielleicht Mut machen. Aber Mut allein wirft keine Mauern um.

Aber Gott.

Gott wirft Mauern um? Jetzt übertreibst du wirklich, Kaleb! Sei nüchtern und komm auf den Boden der Tatsachen zurück!

Habt ihr in eurer angeblichen Nüchternheit vergessen, was Gott kann – was er schon bewiesen hat? Ich stehe auf dem Boden der Tatsachen, wenn ich daran erinnere, daß er das Schilfmeer trockenlegte, damit wir hindurchkonnten. Ich stehe auf dem Boden der Tatsachen, wenn ich auf die Quelle verweise, die Gott aus dem Felsen springen ließ. Ich stehe auf dem Boden der Tatsachen, wenn ich auf die Wolkensäule zeige, die für alle sichtbar vor uns hergeht und den Weg weist. Wenn das alles keine Tatsachen sind, was ist das dann für eine Nüchternheit, auf die ihr euch beruft?

Hm.

Ich sage dir: Nüchtern ist es, Gott und seine Macht und die Erfahrungen mit ihm in alle Überlegungen einzubeziehen. Dummheit ist es, so zu tun, als wären all die Erweise seiner Größe und Güte nie passiert. Torheit ist es, seine Weisungen als unverbindliche Wünsche anzusehen und seine Verheißungen als bloße Trostpflästerchen, die im Ernstfall nichts wert sind. Gott steht zu seinem Wort!

Hm, hm. Du hast recht. Wir hätten aus den Erfahrungen mehr lernen sollen. Hm, vielleicht ist es darum ganz gut, daß nun vierzig Jahre mit solchen Erfahrungen vor uns liegen. Hoffen wir, daß unsere Kinder nicht die gleichen Fehler machen wie wir.

Ihr alle könnt mithelfen, daß die kommende Generation die nötige Lektion lernt, damit sie unter Gottes Segen ins Milch-und-Honig-Land einziehen kann.

Naja, du selbst wirst ja wohl dabeisein.

Ich sehe, daß du schon anfängst, Gottes Wort zu glauben. Ich habe Hoffnung.

Josua: Volksführer mit Fernlenkung
(Josua 1)

Darf man Sie ansprechen, Josua?

Hm.

Oder muß man jetzt »Majestät« sagen, da Sie nun der Führer des Volkes sind?

Ich bin kein König. Außerdem fühle ich mich ganz und gar nicht majestätisch.

Das sieht man. Sie machen ein Gesicht, als hätten Sie die Schlachten schon alle verloren, die erst noch vor Ihnen liegen. Ihrem Blick nach zu schließen, den Sie immer wieder über den Jordan werfen, ist Ihnen Verzagtheit näher als Kampfeswut.

Sie beschreiben meine Gefühlslage sehr treffend.

Und jetzt sitzen Sie hier und überlegen, ob Sie nicht wieder abziehen sollen.

Diesmal haben Sie daneben getippt. Daß wir über den Jordan gehen, steht fest.

Hm. Ich will mich ja nicht in Ihre Entscheidungen einmischen, Josua, aber wenn da so ein offensichtlicher Widerspruch ist zwischen Ihrer Gefühlslage und Ihren Beschlüssen, dann kann ich mir dafür eigentlich nur eine Erklärung denken.

Und die wäre?

Sie würden am liebsten links des Jordans bleiben. Aber da man sie zum Nachfolger Moses gemacht hat, müssen Sie nun beweisen, daß Sie ein mannhafter Führer sind. Sie wollen sich selbst bestätigen.

Das ist nun völlig daneben getippt.

Sondern?

Ich gehe über den Jordan, weil Gott es will und weil er versprochen hat, mitzugehen.

Meinen Sie nicht, daß zumindest der Nebeneffekt willkommen sein könnte: Sie beweisen im Krieg Ihre Führerqualitäten und festigen damit Ihre Herrschaft.

Sie sind schlecht im Bild, junger Mann. Zwei Dinge sehen Sie falsch. Ich habe dieses Volk bereits vor mehr als vierzig Jahren in Schlachten geführt.

Ich lasse mich belehren. Aber was heißt das schon! Damals waren Sie in der Blüte Ihrer Jahre, wie man so sagt. Heute sind Sie – Verzeihung – ein Greis, vor dessen Schwert niemand mehr zittert.

Wem sagen Sie das!

Und mein zweiter Fehler?

Ich will nicht meine Herrschaft festigen. Ich sagte schon, daß ich kein König bin. Unser König ist Gott selbst. Ich habe nur die Aufgabe, das Volk im Kampf zu führen und nachher die Landverteilung zu organisieren.

Aha! Mehr Macht gesteht Ihnen das Volk wohl nicht zu? Das ist verständlich. Einen, der über 80 ist, setzt man nicht mehr als König ein, schon gar nicht in Kriegszeiten. Ja, wenn Sie in Amt und Würden alt geworden wären, aber Sie waren ja immer nur die zweite Garnitur, immer Moses Diener, da...

Ich bin nicht persönlich empfindlich, junger Mann, aber finden Sie nicht, daß Sie mit etwas mehr Respekt reden sollten, auch wenn ich nicht der König, sondern nur der Heerführer bin?

Verzeihung, Herr Josua, es war nicht so gemeint. Aber ich sehe ernste Probleme auf Sie zukommen. Und ich wundere

*mich, daß Sie als erfahrener und kluger Mann die offenbar
nicht sehen.*

Ich sehe viele Probleme, aber ich weiß nicht, ob es die-
selben sind, die Sie sehen.

*Na, da ist zunächst der Übergang über den Jordan. Wenn Sie
den mit Flößen bewältigen wollen, brauchen Sie Wochen. Inzwischen ist der Brückenkopf drüben äußerst gefährdet.*

Sehe ich auch so. Was noch?

*Das trockene und weite Land. Mit Frauen und Kindern und
Vieh da durchzuziehen, wird ernste Versorgungsprobleme
bringen. Bleiben Sie zusammen, gibt es nicht genügend Wasser und Gras; teilen Sie sich auf, sind Sie Überfällen ausge-
setzt.*

Das Problem ist sogar noch größer, als Sie es schildern.
Bisher hat Gott uns Manna vom Himmel fallen lassen,
nun müssen wir uns dringend mit Landwirtschaft be-
fassen, wovon niemand von uns eine Ahnung hat.
Noch was?

*Das größte Problem ist das militärische. Ist Ihnen bekannt,
daß die Strategen einen Vorteil von zwei zu eins für die Verteidiger rechnen? Und wenn es Mauern gibt, noch viel mehr!
Und Jericho hat Mauern, sag' ich Ihnen! Da kommt niemand
'rein! Einfach umgehen können Sie die Stadt nicht, sonst fällt
man Ihnen in die Flanke; lange belagern auch nicht, dafür haben Sie keine Vorräte.*

Ich weiß.

*Sie wissen das alles und wollen trotzdem hinüber? Aber Jo-
sua, ich verstehe Sie nicht!*

Gott hat den Auftrag gegeben. Und er hat versprochen, uns zu begleiten und zum Sieg zu verhelfen.

Sie verweisen immer auf Ihren Gott. Ich will ja nicht bestreiten, daß Sie schon einige Erfolge hatten, aber das waren diesseits des Jordans nur wenige, kleine Stämme. Was jetzt kommt, ist von einer ganz anderen Größenordnung! Ob Ihr Gott da wirklich...

Wenn Gott sich eines Problems annimmt, spielt die Größenordnung keine Rolle.

Hm. Gut gesagt, Josua. Glauben Sie es wirklich?

Ich gebe zu, daß ich ängstlich bin, wenn ich an all das denke, und auch ratlos. Aber ich glaube, daß Gott uns nicht im Stich läßt.

Gideon: General wider Willen
(Richter 6–7)

*Entschuldigung, wenn ich mich mal einmische, Gideon, aber
was machen Sie denn da?*

Das sehen Sie doch, ich sortiere die Männer.

Ja, wie das Vieh. Die Schafe links und die Böcke rechts.

Stört Sie das?

*Nein, das nicht. Es stört mich aber, daß Sie die vielen nach
Hause schicken. Was soll das?*

Gott will uns Sieg geben durch die dreihundert, die
hier drüben stehen.

*Sie sind – Sie sind – Sie sind übergeschnappt! Mann, Gideon!
Mit dreihundert Leuten wollen Sie gegen viele zehntausend
Midianiter kämpfen? Ist Ihnen das klar? Sie sind wahnsinnig
– Sie sind...*

Beruhigen Sie sich, Mann! Ich weiß schon, was ich tue!
Gott hat es mir gesagt.

*Aber das ist doch nackter Irrsinn! Glauben Sie denn, ein Isra-
elit könnte hundert und mehr Midianiter auf einmal besiegen? Absurd ist das! Absolut unmöglich!*

Ich sagte nicht, daß unsere dreihundert Männer sie besiegen sollen. Gott wird sie besiegen.

*Ja, gut. Aber doch durch unsere Männer! Wir haben auch von
früheren Kämpfen hinterher festgestellt, daß Gott uns den
Sieg gegeben hat. Aber doch nicht auf irgendeine geheimnisvolle Weise, sondern durch das Schwert unserer Krieger! Ich
meine, es muß kein Widerspruch sein, daß man von Gott
Hilfe erwartet, aber trotzdem alles tut, was man selber tun
kann.*

Das mag grundsätzlich stimmen. Aber in diesem Fall nicht.

Wieso nicht?

Das hat mir Gott nicht so genau erklärt. Ich vermute, er befürchtet, das Volk würde den Sieg sich selbst zuschreiben, wenn es nicht ein ganz offensichtliches Wunder ist. Er will geehrt werden. Und wenn...

Aber Gideon! Gottes Ehre hin, unsere Ehre her – man kann doch nicht so bedingungslos auf eine Karte setzen!

Sie meinen, falls das Wunder ausbleibt, sollten wir gerüstet sein, uns notfalls selbst zu helfen?

Ja, das meine ich! Bei allem Glauben an Wunder, aber die Vorstellung ist mir sehr unsympathisch, daß unsere dreihundert Leute sich in das hundertfach überlegene Heer der Midianiter stürzen. Haben Sie mal einen Blick in die Jesreel-Ebene geworfen? Ich sage Ihnen, das sind soviele, wie Ihre dreihundert Mann Haare auf dem Kopf haben! Und im Gegensatz zu uns alles geübte Krieger! Und gut beritten! Geschickte Reiter auf ihren schnellen Kamelen! Das ist so ein krasses Mißverhältnis der Kräfte, daß ich mir den Sieg bei allem Wunderglauben nicht vorstellen kann.

Ich will Ihnen etwas verraten, wenn Sie es nicht weitersagen.

Und das wäre?

Ich kann mir auch keinen Sieg vorstellen.

Ja, aber...

Was will ich machen? Gott hat es nun mal gesagt. Ich tröste mich, daß seine Hilfe wohl nicht so sehr von unserem Glauben abhängt, sondern mehr von seiner Verheißung.

Also, mich kann das nicht trösten! Mich könnte allenfalls der Gedanke beruhigen, daß wir ein einigermaßen ebenbürtiges Heer in den Kampf schicken. Fast hätten wir das ja auch gehabt! 32 000 Mann. Nicht eben überwältigend, aber doch wenigstens etwas. Aber Sie haben alle Verzagten nach Hause geschickt. Da waren's nur noch 10 000 Mann. Gideon, wenn Sie selbst unsicher sind, wie Sie eben gesagt haben, dann hätten Sie mit den 22 000 nach Hause gehen sollen, zu Muttern.

Ich habe Angst, aber ich bin nicht verzagt. Ich kann mir den Sieg nicht vorstellen. Und das empfinde ich genauso bedrückend wie Sie. Aber ich vertraue Gott.

Diese feinen Unterschiede sind mir zu spitzfindig. Man muß wohl Philosoph sein, um zwischen Angst und Verzagtheit oder zwischen Zweifel und Unglauben zu unterscheiden. Ich sage auf gut Hebräisch: Ich hab die Hosen voll – wenn Sie verstehen, was ich meine . . .

Man muß kein Philosoph sein. Das bin ich auch nicht. Man muß nur Erfahrungen mit Gott gemacht haben.

Und das haben Sie?

Ja.

Meinen Sie Ihre Entschiedenheit bei der Bekämpfung des Baalskultes! Man erzählt sich, Sie hätten sogar die Götzenbilder Ihres Vaters verbrannt. Mutig, muß ich sagen!

Nein, nicht mutig! Ich habe es aus Angst nachts getan.

Ach, und das ist die Erfahrung, die Sie meinen: Obwohl Sie Angst hatten, ging's gut. Und so meinen Sie, wird auch diesmal . . .

Nicht nur das. Ich habe Gott um ein Zeichen gebeten, ob er uns Sieg schenken will. Und dieses Zeichen samt Gegenprobe läßt keinen Zweifel zu. Sehen Sie, und da stehe ich nun mit meinen Überlegungen: Aller Vernunft nach ist ein Sieg unmöglich. Aller Vernunft nach kann aber auch so ein Zeichen kein Zufall sein. Zwischen diesen Überlegungen hin- und hergerissen, lege ich schließlich alle Vernunftargumente beiseite und klammere mich vertrauensvoll an meinen Herrn. Und daran halte ich fest, auch wenn ich Angst habe.

Und das meinen Sie mit »glauben«?

Ja.

Hm. Und die Männer? Machen die mit? Also, wenn ich bei den dreihundert wäre, ich weiß nicht, ob ich mich auf Gideons Glauben verlassen würde.

Sie sind aber nicht dabei.

Warum eigentlich nicht?

Sie haben kniend getrunken.

Häh?

Am Fluß eben haben Sie sich hingekniet, um zu trinken.

Was heißt das?

Das ist das Kennzeichen, nach dem ich die Männer aussortiert habe. Die dreihundert da drüben haben stehend aus der Hand getrunken.

Ah – so 'ne Art simpler Psychotest, wie? Die bestanden haben, die haben Kampfeseifer und Siegeswillen bewiesen, vielleicht sogar Glauben. Schlau! Gute Idee!

War keine Idee von mir, war auch eine Anweisung Gottes.

Tatsächlich? Hm, na, dann – vielleicht ist die Sache doch nicht so ganz aussichtslos, wie ich dachte.

Samuel: Staatsmann mit Durchblick
(1. Samuel 15–16)

Daß ich das noch erleben darf!
Was meinst du, Fremder?
Den berühmten alten Propheten Samuel zu sehen!
Hält man mich schon für tot?
*Das nicht. Aber seit langem haben Sie sich zurückgezogen
und nicht mehr öffentlich geredet.*
Ich habe alle meine Pflichten erfüllt.
*Sicher, aber... Nicht, daß ich einem alten Mann nicht einen
wohlverdienten ruhigen Lebensabend gönnen würde, aber die
wirren Zeiten schreien geradezu nach einem Propheten, der
ein klares Wort zur Lage sprechen kann. Ein Wort von Gott.*
Die Zeiten waren schon immer wirr.
Nicht immer so sehr.
Denkst du an die Philister, die erstarken und aggressiv
werden?
Sie sind gut informiert.
Man tut, was man kann. Denkst du, weil ich ein Greis
bin, der nicht mehr weit gehen kann, sei ich von der
Welt abgeschlossen? Oft kommen Reisende hier in
Rama durch, wenn ich vor dem Haus sitze und meine
alten Glieder von der Sonne wärmen lasse.
*Dann sind Sie auch über die beängstigenden Vorgänge am
Königshof informiert?*
Allerdings.
*Und das sagen Sie so gelassen? Aber Samuel! Sie selbst haben
doch Saul damals zum König gesalbt! Und wenn dieser Saul —
man wagt es ja nur hinter vorgehaltener Hand zu sagen —*

wenn dieser Saul nun dem Wahnsinn immer näher kommt,
dann läßt Sie das kalt?

Es läßt mich nicht kalt. Es bedrückt mich zutiefst.

Aber Sie tun nichts dagegen.

Was sollte ich gegen seinen Wahnsinn tun? Es ist der
Wahnsinn dessen, der sich selbst überschätzt, der sich
selbst zu einer Art Gott machen will. Das habe ich ihm
gesagt, und mehr ist nicht zu sagen. Zu helfen ist ihm
nicht, weil er sich nicht helfen lassen will.

Aber wenn Sie ihm ernsthaft ins Gewissen...

Es ist zu spät. Der Herr hat ihn verlassen.

Hm. Schrecklich! Ja, aber wenn Saul nicht mehr zu retten ist,
dann muß es doch ein Chaos geben! Das heißt doch, daß Sie
erst recht etwas tun müssen, Samuel! Sie sind die letzte Auto-
rität, die es im Lande noch gibt.

Was zu tun war, habe ich getan.

Sie haben...? Was meinen Sie damit?

Warte nur, bis es zutage tritt.

Hm, ich will nicht gewaltsam in Sie dringen, Samuel. Aber
weil das Gerücht sowieso durchs Land schwirrt, wage ich mal
direkt danach zu fragen: Denken Sie an den jungen Mann aus
Bethlehem?

So, ein Gerücht schwirrt durch das Land?

Ja, und es besagt, dieser David solle der Nachfolger Sauls
werden.

Hm.

Man erzählt sich in Bethlehem, Sie hätten ihn gesalbt. Nie-
mand weiß natürlich offiziell, was das bedeutet. Aber wer ein
bißchen Einblick hat...

Ich habe in Bethlehem ein Opfer gebracht und Isai mit

43

seiner Familie eingeladen. Ist das so etwas Besonderes? *Durchaus nicht. Ungewöhnlich ist nur, daß Sie einen der Söhne gesalbt haben, und zwar ganz gezielt den jüngsten, nachdem Sie alle sechs anderen vorher Revue passieren lie-ßen. Das hat doch etwas zu bedeuten!*

Meinst du?

Sie müssen nicht mehr sagen, Samuel. Ich weiß, daß das ge-fährlich für Sie ist. Schließlich ist Saul noch König und sitzt fester im Sattel denn je. Und eifersüchtig ist er auch.

Dann sprich auch du keine unbedachten Worte!

Wir sind unter uns. Niemand hört zu. Außerdem rätsele ich nur. Ich überlege zum Beispiel, was es wohl zu bedeuten hat, daß eben jener David ganz zufällig an den Königshof kam, weil er Harfe spielen kann. Und daß er als einziger den Mut hatte, dem Philister Goliath entgegenzutreten. Sie kennen die Geschichte?

Den Glauben.

Wie?

Du sagtest, er habe als einziger den Mut gehabt, und ich verbesserte: den Glauben.

Das hängt eng zusammen.

Richtig. Fahre fort mit deinem Überlegen.

Nun, ich frage mich auch, was es zu bedeuten hat, daß die Frauen auf den Straßen singen: »Saul hat Tausend geschla-gen, David aber Zehntausend.«

Singen sie das?

Ja, und Saul macht eine finstere Miene, wie ich mir sagen ließ.

Dann ist es gut.

Was ist gut?

Die Dinge nehmen ihren Lauf.

Aber Samuel, Sie können die Dinge nicht einfach ihren Lauf nehmen lassen! Sie müssen den Lauf der Dinge steuern!

Das tut Gott!

Da wäre ich nicht so sicher. Vielleicht will Gott, daß Sie ihm dabei helfen. Ich meine, daß Sie Saul kraft Ihrer Autorität für abgesetzt erklären und – o Verzeihung, ich sollte das nicht so laut sagen! Bedenken Sie doch, wieviel Blutvergießen damit vermieden werden könnte! So wie es jetzt läuft, ist Blutvergießen unvermeidlich, sowohl beim Kampf mit den Philistern, wenn wir keine klare und fähige Führung haben, als auch bei einem Bürgerkrieg, wenn Saul mit einem Rivalen kämpft, wer auch immer es sei.

Ich kann Saul nicht einfach absetzen...

Sicher ist das nicht ungefährlich, aber...

Du verstehst mich falsch. Ich kann ihn nicht absetzen, weil ich ihn gesalbt habe. Man kann so etwas nicht einfach rückgängig machen. Da muß schon der Herr selbst eingreifen.

Aber wenn Sie David auch gesalbt haben, haben Sie damit nicht schon automatisch die Salbung Sauls für ungültig erklärt?

Du läßt aber auch nicht locker.

Ich vergaß, daß Sie sich nicht festlegen wollen.

Es reicht, wenn Gott sich festgelegt hat.

Hm. Und Sie sind sicher, das hat er?

Ganz sicher.

Jetzt verstehe ich Ihre Gelassenheit besser, Samuel.

Dann sei auch du nicht ängstlich und nervös, sondern warte es ab, wie Gott alles zu einem guten Ende bringt.

David: Flüchtling ohne Rachsucht
(1. Samuel 24)

Verzeihung, ich rate mal: Ein Mann in der Wüste mit einer Schar Bewaffneter bei sich, die mehr wie verwilderte Abenteurer aussehen als wie Soldaten – das kann nur David sein. Zumal, wenn er zur Harfe singt.

Richtig. Und wehe Ihnen, wenn Sie dem König Saul verraten, daß Sie mich gesehen haben.

Ich werde mich hüten. Aber er soll in der Nähe sein.

Ich weiß es.

Sie wissen es? Woher? Haben Sie Ihre Späher?

Ich habe ihn selbst gesehen.

Gesehen? Sie werden von Ihrem Todfeind gejagt, er hat sie fast erwischt, so daß Sie ihn sogar sehen konnten, und Sie laufen nicht weg, so schnell Sie Ihre Beine tragen? Im Gegenteil, Sie sitzen hier in der Wüste und singen friedlich wie die Frauen zum Feierabend am Dorfbrunnen? Sie singen sogar, daß der Herr Ihre Burg sei, Ihr Fels, Ihr Schutz? Das verstehe, wer will!

Gerade weil ich in Gefahr war, kann ich singen.

Sie meinen, weil Gott Sie gerettet hat?

Ja.

Na, Ihr Glaube in Ehren, aber das wird wohl Ihr sprichwörtliches Glück gewesen sein, wo er Sie fast erwischt hätte.

Es war anders: Nicht er hätte mich fast erwischt, sondern ich ihn.

Hahaha!

Lachen Sie nur. Es ist auch eine lustige Geschichte. Aber sie ist wahr. Und sie fing mit großer Angst an.

Erzählen Sie mal.

Als wir ihn kommen sahen mit seinem Heer, zogen wir uns in eine Höhle zurück. Das Dumme war nur, daß er auch in die Höhle kam und dort im Kühlen seine Siesta hielt. Er merkte nicht, daß wir noch weiter hinten lagen.

Da hätten Sie ihn doch ganz leicht erwischen können.

Sag ich doch.

Ich meine nicht nur kühl werden lassen, sondern kalt machen.

Das haben mir meine Männer auch geraten. Aber ich durfte nicht. Er ist immer noch der Gesalbte des Herrn.

Was heißt das schon! Er ist Ihr Todfeind! Er trachtet Ihnen nach dem Leben.

Ich weiß, aber Gott entscheidet über mein Leben, nicht Saul.

Mann, David! Jetzt haben Sie wegen Ihrer Frömmigkeit Ihre große Chance vertan, nicht nur am Leben zu bleiben, sondern auch noch König zu werden!

Meine Zukunft liegt bei Gott.

Sie haben ihn also ungeschoren davonkommen lassen?

Ich habe nur den Zipfel seines Mantels abgeschnitten. Damit konnte ich später beweisen, daß er in meine Hand gegeben war, ich ihn aber geschont habe.

Wie ich Saul kenne, macht das keinen sehr großen Eindruck auf ihn.

Das ist auch nicht wichtig. Ich bin in Gottes Hand.

Ich weiß (spöttisch), der Herr ist Ihre Burg. Sie haben's ja gerade gesungen.

Stimmt!

Aber David! Seien Sie nüchtern! Sie sind ein kleiner Guerilla-
führer. Wenn Saul seine ganze Staatsmacht gegen Sie mobili-
siert, zertritt er Sie wie eine Ameise. Da nützt Ihr Gott auch
nichts!

Ich weiß, daß ich – menschlich gesprochen – keine
Chance habe. Aber...

(spöttisch)...aber Ihr Gott hilft Ihnen! Sind Sie wirklich so
sicher, wie Ihre Lieder glauben machen wollen? Oder – seien
Sie mal ganz ehrlich – ist es nicht vielmehr so, daß Sie in
Wirklichkeit Angst haben, und daß Sie sich mit Ihren Liedern
nur selbst Mut zusprechen?

Ich bestreite gar nicht, daß ich Angst habe. Und ich bestreite auch nicht, daß mir die Lieder helfen, Glau-
bensmut zu finden. Aber das alles sind Gefühle. Entscheidend dagegen sind die Tatsachen.

Und was sind die Tatsachen? Daß Sie keine Chance haben!

Nein, daß Gott mich zum zukünftigen König salben
ließ durch seinen Propheten Samuel. Also werde ich
König werden durch seine Führung!

Und wenn sich Samuel geirrt hat?

Gott hat ihn beauftragt.

Und wenn Gott sich geirrt hat?

Gott irrt nie.

Ihren Glauben möchte ich haben!

Dem steht nichts im Weg!

Elia: Prophet auf Schulbank
(1. Könige 19)

Elia!

Kennt mich noch jemand in Israel?

Eine gute Frage. Sie waren einmal eine bekannte Persönlichkeit im Lande. Daher erinnere ich mich noch an Ihr Gesicht. Aber die Zeiten haben sich geändert.

Ich weiß. Kaum jemand will noch etwas von dem Propheten wissen.

Sie dürfen nicht bitter werden, Elia. Man darf das den Leuten nicht übelnehmen. Was bleibt Ihnen übrig, als sich der Gewalt zu beugen!

Ich bin nicht bitter. Ich war es, aber das ist überwunden. Gott sei Dank!

Kann ich verstehen: Erst die großartige Demonstration von Gottes Macht auf dem Karmel, als Feuer vom Himmel kam und Ihr Opfer...

Das war nicht der Anfang, das war nur der Höhepunkt einer langen Entwicklung. Die entsetzliche Dürrekatastrophe gehörte auch dazu. Gott hat wirklich unüberhörbar geredet.

Unüberhörbar? Ha! Wer es überhören will, tut es auch. Elia. So sind die Menschen nun mal.

Da haben Sie recht. Sie wollten nicht hören, was Gott zu sagen hatte, denn das hätte vielleicht Gefahr bedeutet. Das Volk fürchtete sich vor der Armee, die Armee vor dem König, der König vor seiner Frau und die vor ihrem Gott Baal. Da hat der heilige, lebendige Gott nichts mehr zu melden. Seine Propheten werden abgeschoben oder umgebracht, und alles hört auf Isebels Kommando.

Das klingt aber jetzt doch ziemlich verbittert.

Wütend bin ich.

So wie das Ihre Art ist, aufbrausend aber auch schnell resignierend. Mal ehrlich, Elia, ob Sie sich mit Ihrer Art nicht auch manche Freunde vergrämt haben? Zum Beispiel nach der Sache auf dem Karmel hätten Sie dranbleiben müssen. Vielleicht hätten viele Ihnen die Treue gehalten. Aber Sie versteckten sich. In der Wüste, ging das Gerücht. So kann man natürlich keine Umkehr im Volk bewirken.

Wollen Sie mir vorwerfen, daß ich mein Leben retten wollte?

Vorwerfen will ich Ihnen gar nichts. Wie käme ich dazu! Ich stelle nur fest: Als Sie weg waren, gab es keinen Halt mehr, kein leuchtendes Vorbild. Es fehlte der Kristallisationspunkt einer echten Gemeindebildung, wenn Sie verstehen, was ich meine.

Die Menschen sollen sich nicht an mich hängen, sondern an Gott.

Graue Theorie, Elia, graue Theorie! Die Menschen wollen geführt werden. Da muß eine starke Persönlichkeit her, so wie Isebel eine ist.

Ich bin keine starke Persönlichkeit.

Kann ich nicht beurteilen. Aber Sie hätten eine sein müssen!

Ich widerspreche Ihnen nicht. Was Sie da sagen, hat Gott mir auch schon deutlich gemacht. Ich wollte die Flinte ins Korn schmeißen; aber er hat mich nicht aus seiner Beauftragung entlassen. Meine Arbeit geht weiter. Er will es so.

Was haben Sie vor?

Das kann ich Ihnen nicht sagen. Hohe Politik, verstehen Sie? Muß noch ein Geheimnis bleiben.

Verstehe ich. Klar. Aber Sie gehen nur widerwillig, oder?

Nein, jetzt nicht mehr. Gott hat mir wieder Mut gemacht.

Wie?

Er hat mir gesagt, daß es in Israel noch siebentausend Menschen gibt, die ihre Knie nicht vor Baal gebeugt haben.

Siebentausend?

Glauben Sie es nicht?

Ich glaube es schon, aber ich wundere mich, daß die Zahl Sie trösten kann.

Finden Sie, es sind wenige?

Es sind zwar viele, wenn man bedenkt, wie energisch Isebel dem Volk ihre Religion aufgezwungen hat. Aber es sind wenige, verschwindend wenige, im Verhältnis zur Gesamtbevölkerung. Und ich sehe keine Chance, daß diese Handvoll Leute die Wurzel für einen Neuanfang sein könnte. Im Gegenteil, sie werden bald auch umfallen. Wie ein glimmender Docht sind sie, der keine Kraft mehr hat zu entflammen, der nur noch eine kleine Weile die Glut halten kann, bis er ganz verlöscht.

Vor kurzem noch hätten mir solche Worte allen Mut genommen. Aber seit Gott am Horeb mit mir geredet hat, kann ich nicht resignieren.

Wollen Sie ein zweites Gottesurteil herbeiführen wie damals auf dem Karmel? Ich weiß nicht, ob das nochmal geht. Der Götzendienst ist inzwischen noch fester im Volk verankert, und Isebel, die fester im Sattel sitzt denn je, wird es gar nicht erst soweit kommen lassen.

Nein, nein, kein zweites Karmel. Gott will ganz anders reden.

Meinen Sie Katastrophen wie die Dürre damals? Krieg, Feuer, Überschwemmungen, Heuschrecken?

Auch das nicht. Gott redet in stillem, sanftem Sausen.

Hää? Verstehe ich nicht.

Im sanften Säuseln des Windes hat er sich mir am Horeb gezeigt, nicht in Sturm und Donner und Feuer.

Verstehe ich trotzdem nicht.

Ich auch nicht, aber es ist so. Es ist seine Art. Vorher habe ich auf meine Art gearbeitet. Er hat sich in seiner Freundlichkeit auch dazu bekannt. Jetzt möchte ich auf seine Art arbeiten. Wie sollte er sich da nicht erst recht dazu bekennen!

Jona: Hebräer mit Grundsätzen
(Jona 1–4)

Verzeihung, Sie sehen so fremdländisch aus.
Es gibt doch viele Ausländer in Ninive.
Schon, aber diese Tracht...
Ich komme aus dem Westen. Schon mal was von Israel
gehört?
*Allerdings, da gehen doch immer die Kriegszüge durch,
nicht? Auf dem Weg nach Ägypten. Am Ufer des großen
Meeres.*
Richtig.
Und Ihr Name, wenn man mal fragen darf?
Jona.
Aha. Gefällt Ihnen unsere Stadt?
Nein.
*Nein? Na hören Sie mal! Diese prachtvolle Stadt mit ihren
mächtigen Mauern, prunkvollen Toren, herrlichen Palästen,
riesigen Türmen – die ist Ihnen nicht schön genug? Was für
Maßstäbe haben Sie denn, wo Sie aus der hintersten Provinz
kommen?*
Sie verstehen mich falsch. Das ist schon alles prächtig
hier. Aber eben... es ist alles so – so sündhaft.
So sündhaft? Unsere Paläste und Türme sind sündhaft?
Nein, ich meine natürlich die Menschen.
Wie kommen Sie denn darauf?
Das weiß doch jeder. Der ganze Staat ist auf Eroberun-
gen aufgebaut und...
*Seien Sie vorsichtig mit politischen Äußerungen, wenn ich
Ihnen einen guten Rat geben soll.*

Das werde ich ganz laut sagen. Es ist schließlich die Wahrheit, die auch Ihre obersten Herren nicht bestreiten können.

Das werden sie wohl auch nicht bestreiten, wo sie doch so stolz sind auf ihre erfolgreichen Kriegszüge.

Na also, die ganze Pracht hier ist erkauft mit dem Elend unterworfener Völker.

Was wollen Sie machen? Das ist das Recht der Stärkeren.

Das Recht der Stärkeren ist kein Recht.

...sagt der Schwache. Und der Starke lächelt nur.

Bis es ihm selbst an den Kragen geht.

Wer wollte denn Ninive an den Kragen gehn! Er müßte noch stärker sein. Aber so jemanden gibt es nicht.

Doch, Gott.

Gott? Wir bringen ihm regelmäßig die schuldigen Opfer. Warum sollte er gegen uns sein?

Sie verstehen mich falsch. Ich rede nicht von dem Gott Ninives, der ja doch kein wirklicher, lebendiger Gott ist. Ich rede von dem Gott Israels, von dem, der Himmel und Erde geschaffen hat.

Ha, ha! Und dieser Gott Israels will Ninive an den Kragen, meinen Sie?

Er will nicht nur, er wird. Keinen Stein wird er auf dem anderen lassen. Ganz Ninive wird vernichtet, wenn es nicht umkehrt und sich radikal ändert.

Daß ich nicht lache! Ich will Ihnen nicht zu nahe treten, Fremder – wie war doch gleich Ihr Name?

Jona.

Richtig, Jona. Also ich will Sie nicht beleidigen, aber das ist doch einfach lächerlich.

Das Lachen wird Ihnen noch vergehen.

Also wissen Sie, Herr – ähh – Herr Jona, ich bin ein toleranter Mensch und achte die Religionen anderer, aber achten Sie auch unsere und spielen Sie sich nicht als Richter über unsere Moral auf...

Ich will gar kein Richter sein; das ist Gott selbst. Ich bin nur sein Bote.

Sein Bote? Was heißt das?

Ich werde dieser Stadt sagen, daß sie in vierzig Tagen untergeht.

Sie wollen...? Dieser Stadt –? Ich glaube, ich habe nicht richtig gehört!

Sie haben sehr genau gehört. Dieser riesigen Stadt werde ich predigen, daß sie in vierzig Tagen dem Erdboden gleichgemacht wird.

Aber sonst geht es Ihnen noch gut, wie? Oder haben Sie Fieber?

Ich bin noch im Vollbesitz meiner geistigen Kräfte, wenn Sie das meinen.

Das meine ich, ja. Hören Sie mal, Jona, das ist eine Aufgabe, an der Sie sich die Zähne ausbeißen!

Wem sagen Sie das?

Wenn man Ihnen die Zähne nicht schon vorher einschlägt! In einer Kriegernation ist man nicht zimperlich!

Da kann ich Ihnen nur zustimmen.

Und was heißt hier vierzig Tage! Die brauchen Sie allein schon, um auf allen Plätzen ein einziges Mal zu predigen. Wann wollen Sie dann in die Straßen und Bürgerhäuser, in die Spelunken und Kasernen, ganz zu schweigen vom Königspalast. Unmöglich!

Richtig.

Sagen Sie mal, Sie geben mir dauernd recht – glauben Sie denn auch, daß es unmöglich ist?

Davon bin ich fest überzeugt.

Ja – warum versuchen Sie es dann überhaupt?

Gott hat mich geschickt.

Und weil Sie meinen, Ihr Gott hätte Sie geschickt, gehen Sie einfach so los und versuchen, ein Weltreich umzukrempeln?

Einfach so – das trifft nicht zu. Ich habe mich gesträubt, mit Händen und Füßen; ich bin sogar geflohen vor dem Auftrag. Übers Meer. Aber Gott hat mich auf abenteuerliche Weise im Bauch eines Fisches zurückgeholt.

(Pause)

Verehrter Herr Jona oder wie Sie heißen, entweder haben Sie nicht alle Tassen im Schrank, oder Sie sind der interessanteste Typ, der mir je begegnet ist.

Reden wir nicht von mir, reden wir von Ihnen und Ihrer Stadt. Und von Gott.

Amos: Schafhirt mit Sonderauftrag
(Amos 1–9)

Gott zum Gruß, Amos.

Sie kennen mich?

Wer kennt Sie nicht in Israel? Ihre Reden sprechen sich im Land herum.

Aber Sie kennen mich persönlich.

Ich habe Sie in Beth-El beim Heiligtum gesehen. Wer Sie einmal gesehen und gehört hat, vergißt Sie nicht so schnell.

Um so erstaunlicher, daß Sie mich so freundlich grüßen. So etwas ist selten geworden in Israel.

Sie sind sich sicher darüber klar, daß Sie sich das selbst zuzuschreiben haben.

Wieso?

Na, Sie haben sich doch alle zu Feinden gemacht! Die Politiker samt König haben Sie mit Ihren düsteren Prognosen verärgert, und weil Sie ihren Luxus angreifen. Die Militärs werfen Ihnen Wehrkraftzersetzung vor, weil Sie behaupten, das Unglück sei doch nicht mehr abzuwenden. Die Priester ärgern sich, weil Sie ihren Gottesdienst als Heuchelei bezeichnen und das baldige Ende ihrer Kultstätten voraussagen. Die Geschäftsleute sind die besondere Zielscheibe Ihrer scharfen Kritik. Von Unehrlichkeit, Betrug, Wucher und dergleichen reden Sie dauernd. Da bleibt ja keiner mehr übrig, der Ihr Wohlgefallen finden könnte. Sie haben sich systematisch jede Gruppe zum Feind gemacht. Es wundert mich nur, daß Sie sich über die Feindschaft noch wundern.

Die armen Leute habe ich nicht angegriffen: die Bauern, die Hirten...

*Wohl, weil Sie selbst einer sind, wie? Also doch keine partei-
lose Gerechtigkeit, wie Sie mit Ihren Reden glauben machen
wollten!*

Daß ich selbst Bauer und Hirte bin, hat damit nichts zu
tun.

*Sie wollen doch wohl nicht behaupten, die einfachen Leute
seien alle besser als die höherstehenden?*

Nein, aber die höherstehenden haben mehr Verantwortung, weil sie mehr Macht haben. Von ihnen kann
man erwarten, daß sie die Dinge besser übersehen.
Außerdem – wenn ein Geschäftsmann einen Bauern
als Sklaven verkauft, nur weil der seine Zinsen nicht
bezahlen kann, wo er ohne Kredit schon verhungert
wäre – wer tut da mehr Unrecht: der Kredithai, der die
Armen schamlos ausnutzt, oder der Bauer, weil er die
schuldigen Gelder nicht bezahlt, die er doch niemals
bezahlen kann?

*Fangen Sie nicht an zu predigen, Amos. Da habe ich nichts
entgegenzuhalten. Ich bin nicht so redegewandt wie Sie,
wollte mich auch eigentlich nicht auf eine Diskussion einlas-
sen. Im Grunde haben Sie ja wahrscheinlich recht mit Ihrem
Klassenkampf.*

Es ist kein Klassenkampf!

*Nicht? Aber wieso denn nicht? Wenn Sie für die armen Leute
Partei ergreifen...*

Ich ergreife für Gott Partei. Nicht der Sache der Armen
will ich zum Sieg verhelfen, sondern der Sache des
Herrn.

Hm.

Er hat seine Gebote gegeben. Wenn die von allen eingehalten werden, ist kein Klassenkampf mehr nötig. Aber niemand richtet sich danach. Sie treten das heilige Gotteswort mit Füßen und suchen ihren Vorteil auf Kosten der anderen. Nach Gott fragen sie nicht und meinen, es sei alles in Ordnung, wenn sie einmal im Jahr in Beth-El ein Opfer bringen, das diesen Namen nicht verdient, weil es ihnen nicht weh tut, haben sie es doch vorher anderen weggenommen. Und wenn sie...

Schon gut, schon gut, Amos! Reden Sie sich nicht wieder so in Eifer! Ich kenne Ihre Argumente ja auch schon, will Ihnen auch gar nicht widersprechen.

Wenn Sie mir zustimmen, warum helfen Sie mir dann nicht, das Unrecht zu geißeln?

Ach, wissen Sie, nicht jeder kann das. Ich bin ja schließlich kein Prophet.

Ich auch nicht. Und trotzdem kann ich nicht anders...

Sie sind kein Prophet? Hahaha! Ich könnte mir keinen typischeren Propheten vorstellen als Sie, Amos.

Naja, ich meine, ich gehöre keiner Prophetenschule an, habe das auch nicht gelernt, hab' nur meine Ziegen über die Weiden von Thekoa getrieben und Maulbeeren gesammelt. Und da hat Gott mich gerufen.

Das macht einen Propheten zum Propheten, daß Gott ihn ruft und ihm eingibt, was er zu sagen hat.

Mag sein. Ist mir auch egal, ob mich die Leute einen Propheten nennen oder nicht. Wichtig ist, daß ich Gottes Auftrag ausführe.

Und jetzt ist Ihr Auftrag ausgeführt, und Sie gehen wieder ins Südreich Juda zurück, zu Ihren Ziegen und Maulbeeren?

Ja.

Aber der Erfolg Ihrer Auftritte war nur gering.

Ich habe gesagt, was ich zu sagen hatte. Was die Menschen damit anfangen, ist ihre Sache.

Naja, schon. Aber wenn Sie noch länger und mehr predigen würden – vielleicht würde manch einer noch darauf hören.

Sie sagten eben, daß ich ein Prophet sei und daß es einen Propheten ausmacht, daß er sagt, was Gott ihn sagen heißt. Nun – das habe ich getan. Wehe dem Propheten, der einen Auftrag hat und nichts sagt. Aber wehe auch dem Propheten, der redet, ohne einen Auftrag zu haben.

Worauf ich mit meinen Fragen hinauswollte, Amos – hoffentlich nehmen Sie mir's nicht übel, wenn ich es so direkt sage: Sie fliehen doch nicht etwa, weil es so schwer erträglich ist, aller Leute Feind zu sein?

Ganz bestimmt nicht.

Das hätte ich auch bedauert. Verstehen könnte ich's natürlich. Wer kündigt schon gern immer nur Gericht an? Da kriegt man so ein negatives Image.

Ich fürchte, Sie haben nicht richtig zugehört. Ich habe nicht nur die Sünden angeprangert und Gericht angekündigt. Ich habe auch von einer gesegneten Zukunft gesprochen, die Gott schenken will.

Tatsächlich?

Tatsächlich. Aber viele ärgern sich so über Gottes ernstes Reden, daß sie gar nicht richtig zuhören. Wer abschaltet, wenn von einer Sünde die Rede ist, ist auch nicht aufnahmebereit für die Botschaft von Gottes Barmherzigkeit. Sucht den Herrn, habe ich gesagt. Sucht den Herrn, so werdet ihr leben!

Hosea: Ehemann auf Anweisung
(Hosea 1, 2, 6)

Hallo, Hosea! Na, suchen Sie Ihre Frau?

Wie kommen Sie darauf?

Na, weil Sie doch meistens... Na, ich sehe schon, es war wohl kein guter Scherz.

Nein.

Verzeihung. Äh, nehmen Sie's nicht so, Hosea, daß alle Leute Sie belächeln. Wieviele Frauen sind schon ihren Männern untreu geworden. Und manche auch so offensichtlich wie Ihre.

Wenn das ein Trostwort sein soll, dann bedanke ich mich höflich dafür. Aber ich kann auf diese Art Trost verzichten.

Vergessen Sie nicht, daß Sie selbst auch nicht ganz unschuldig sind an dieser Entwicklung. Ich meine, Sie wußten ja, was für eine lebenslustige Frau Gomer ist, und haben sie trotzdem geheiratet. Es war schon sehr einfältig, anzunehmen, sie würde von einem Tag auf den andern lammfromm werden wie Sie.

Ich habe auf Befehl gehandelt.

Ja, ja, ich weiß schon, auf Befehl des Herzens, wie die Dichter sagen. Warum sollte nicht auch ein Prophet sich mal Hals über Kopf in eine schöne Frau verlieben.

Ich meine etwas anderes. Ich habe sie auf den Befehl Gottes geheiratet.

Wie?

Das können Sie nicht verstehen, ich weiß. Vielleicht glauben Sie es noch nicht einmal.

Nun, ich will Ihnen keine Lüge vorwerfen, höchstens einen Irrtum. Ich meine, wenn man verliebt ist, bildet man sich schnell ein: Das ist Gottes Wille.

Ich will Ihnen mal 'was sagen: Ob Sie's mir glauben oder nicht, ist mir ziemlich egal. Alle Welt zeigt mit Fingern auf mich und tuschelt hinter meinem Rücken. Da kommt es auf einen mehr oder weniger nicht an. Gott hat mir den Auftrag gegeben; er hat mir sogar gesagt, wie ich meine Kinder nennen soll. Es wäre mir lieber, das wäre nicht so. Aber wenn Gott spricht, gibt es kein Ausweichen.

Na gut, das akzeptiere ich. Aber wieso? Wollte er Sie ins Unglück stürzen? Sie sind doch ein frommer Mann. Da hätte ich – ehrlich gesagt – viel eher Familienprobleme als Strafe verdient.

Meine Probleme sind keine Strafe. Sie sind eine Illustration.

Eine – was?

Eine Illustration zu meiner Predigt.

Ah, ich verstehe: So wie Ihre Frau Ihnen untreu ist, so ist Israel Gott untreu.

Genau.

Mir ist schon aufgefallen, daß Sie in Ihren Predigten oft Ihre Ehe angeführt haben. Zu oft, fand ich. Offen gestanden – ich fand das hart an der Grenze zur Geschmacklosigkeit. Aber jetzt leuchtet mir das ein. Sie meinen also, Gott hat das absichtlich so gemacht, damit Ihre Predigt noch eindrücklicher wird?

Das und noch etwas anderes. Ich habe... Aber warum erzähle ich Ihnen das alles. Interessiert es Sie denn überhaupt? Oder suchen Sie nur neuen Stoff für den Klatsch?

Nein, es interessiert mich sehr. Sie müssen nicht denken, weil ich am Anfang diesen etwas ungehobelten Scherz gemacht habe, nähme ich Sie nicht ernst. Ihre Predigten sind schon irgendwie beeindruckend. Es ist eben – ja man weiß nicht, woran man mit Ihnen ist. Halb eine lächerliche Figur, halb eine faszinierende Persönlichkeit oder beides auf einmal oder im Wechsel oder... Ich weiß auch nicht.

Und so denken die meisten Leute über mich?

Die meisten halten's wohl mehr mit dem Spott.

Dachte ich mir's doch.

Aber Sie wollten mir noch sagen, was ein weiterer Sinn war, weshalb Gott Ihnen das alles zumutet.

Ja, sehen Sie, im Auftrag Gottes zu reden, das Volk zur Umkehr zu rufen, Gericht anzukündigen – das ist etwas anderes, als wenn einer beim Weinglas eine Rede hält. Das geht nicht ohne tiefe persönliche Betroffenheit. Da muß das Herz mitreden und nicht nur der Mund und der Kopf. Verstehen Sie das?

Durchaus. Ich glaube, das ist es auch, was man bei Ihren Predigten spürt.

Ohne mein schweres Schicksal hätte ich nur ein ungenügendes Empfinden, wie Gott an seinem Volk leidet. Jetzt weiß ich es.

Aber nützt das alles etwas, Hosea? Das Volk ändert sich ja doch nicht, obwohl Gott solche drastischen Mittel einsetzt.

Nein, es nützt leider fast gar nichts.

Dann geben Sie's doch auf!

Wenn ein Mann seine Frau wirklich liebt – kann er sie

dann einfach laufenlassen? Muß er nicht alles versuchen, sie zurückzugewinnen, wenn sie ihm untreu wurde?

Die Frage stellen heißt, sie beantworten. Wenn er sie wirklich liebt...

Gott liebt sein Volk. Wirklich!

Hiskia: Majestät mit Rückgrat
(Jesaja 36–38)

Seien Sie gegrüßt, König Hiskia!
Hm.
Sie wanken, Majestät. Darf ich helfen?
Es geht schon wieder.
Soll ich jemanden zur Hilfe holen?
Nein, es ist gut. Ich danke.
*Aber, wenn Sie gestatten, werde ich in der Nähe bleiben. Sie
sehen bleich aus. Sicher sind Sie nach Ihrer Krankheit noch
nicht völlig wiederhergestellt.*
Das ist es nicht.
*Ich ahne, was Sie meinen, Majestät. Es sind die Sorgen. Sie
kommen aus dem Tempel – sicher vom Gebet.*
Wer bist du? Ein Bürger Jerusalems oder einer von der
Landbevölkerung, die in die Stadt geflohen ist?
*Letzteres, Majestät. Wir dachten, die Mauern Jerusalems
würden uns Schutz bieten vor den Assyrern.*
Und?
Na ja, das werden sie nun wohl nicht.
Wir nehmen euch nicht in der Stadt auf, damit ihr die
moralische Widerstandskraft schwächt.
*Verzeihung, Majestät, aber alle denken so, auch die eigentli-
chen Bürger Jerusalems.*
Hm.
*Zu offensichtlich ist ihre Übermacht. Dieser Wald von Spee-
ren vor den Mauern! Dieses riesige Reiterheer! Die Tausen-
den von Bogenschützen, die ihre Pfeile wie Regen in die Stadt
bringen werden. Die mächtigen Katapulte.*

Hm.

Hat er nicht recht, der Feldherr Sanheribs? Das Volk auf der Mauer hat seine Rede gehört, und in Windeseile wurde sie gerüchtweise in der ganzen Stadt verbreitet.

Und was hat das Volk auf der Mauer geantwortet?

Nichts, Majestät. Wie Sie befohlen haben. Aber...

Aber...?

Man kann dem Volk das Reden verbieten aber nicht das Denken.

Und was denkt das Volk?

Eben, daß er recht hat, der Feldherr. Alle Völker, die bisher von den Assyrern erobert wurden, haben sich auf ihre Götter verlassen. Aber keinem hat es genützt.

Wenn ihr euch nicht das Denken verbieten laßt, dann denkt wenigstens richtig.

Ich verstehe nicht, Majestät...

Merkt ihr nicht den Denkfehler in seiner Rede? Alle jene Götter waren keine Götter. Sie waren Kunstwerke aus Holz oder Stein. Wie können die ein Volk schützen? Wir aber beten den lebendigen Gott an!

Das ist richtig, König Hiskia. Nur...

Nun sag schon, was deiner Meinung nach dagegen spricht.

Unser Bundesvolk Israel im Norden hat auch den wahren, lebendigen Gott angebetet. Aber das hat sie nicht davor bewahrt, daß die Assyrer sie vor acht Jahren besiegt und gefangen weggeführt haben.

Sie haben eben nicht den wahren Gott angebetet. In der Mehrheit haben sie Baal gedient. Und die sich äußerlich noch zum Gott unserer Väter bekannten, haben es nur mit halbem Herzen getan. Es war ein Strafgericht Gottes.

Sind Sie so sicher, daß wir das Strafgericht nicht verdient haben? Daß bei uns alles Volk mit ganzem Ernst Gott dient?

Aber ich, der König, vertraue Gott, im Gegensatz zu jenem Hosea in Samaria, dem Putschisten und Mörder.

Das ist richtig.

Und ich habe mich eifrig bemüht, das Volk wieder auf den richtigen Weg zu bringen, habe den Götzendienst streng verboten, die Standbilder vernichtet und den wahren Gottesdienst hier im Tempel gefördert.

Ich darf daran erinnern, Majestät, daß Sie selbst wohl nicht ganz sicher sind, ob das ausreicht, uns Gottes Beistand zu sichern.

Wieso?

Warum hätten Sie sonst dem Assyrer Tribut angeboten? Und auch gegeben? Und das ist Ihnen wahrhaftig schwergefallen. Sogar die Vergoldungen im Tempel, die Sie selbst anbringen ließen, mußten Sie wieder abreißen.

Vertrauen auf Gott bedeutet nicht, alle menschlich möglichen Vorsichtsmaßnahmen außer acht zu lassen.

Da stimme ich zu. Aber diese Vorsichtsmaßnahmen werden nichts nützen.

Mag sein. Aber Hoffnung gibt es. Sind die Ägypter nicht auch noch da? Und haben nicht die Festungen Lachisch und Libna bisher auch widerstanden? (Pause) Warum antwortest du nicht, wenn dein König dich fragt?

Ich weiß nicht recht, was ich sagen soll, mein König. Ich

weiß nicht, ob Sie nun Gott vertrauen oder den Ägyptern und Ihren Mauern und dem Gold.

Hm. Sollte dieses Wort eine vorsichtige Kritik sein, so hast du vielleicht recht. Die Ägypter haben selbst Angst. Die Mauern sind schnell eingerissen oder mit einem Damm überschüttet. Und das Geld hat Sanherib schon, dafür kann ich nichts mehr einhandeln. Es bleibt mir nur das Vertrauen auf Gott.

Sagen Sie nicht »nur«, Majestät. Es klingt so, als würden Sie ihm nur mit halbem Herzen vertrauen.

Du hast recht. Gott kann man ganz vertrauen.

Geht es jetzt wieder?

Ein König sollte keine Schwäche zeigen. Es waren die Sorgen, die mich so niedergedrückt haben. Erzähl' nicht weiter, was du gesehen hast.

Ich verspreche es. Aber Sie sind trotz Ihrer Sorgen immer noch der, der von allen Menschen in dieser Stadt Gott am meisten vertraut.

Meinst du wirklich? Dann steht es nicht gut.

Außer Jesaja vielleicht, dem Propheten.

Jesaja! Er hat gut glauben! Er hört unmittelbar Gottes Worte.

Aber wenn diese Worte Gottes dem ganzen Volk gelten, warum sollten wir dann nicht glauben können wie er?

Du hast recht. Sag das allen Leuten in der Stadt. Wo wir am Ende sind, fängt Gott an. Wir wollen ihm vertrauen.

Was zerreißen Sie da für ein Pergament, Majestät?

Es ist der Drohbrief des Assyrers.

68

Jeremia: Botschafter mit Frustrationen
(Jeremia 1–15. 36)

Verzeihung, ich kenne Sie irgendwo her! Laufen Sie nicht weg, ich tue Ihnen doch nichts!

Ich wüßte nicht, daß wir uns schon mal gesehen haben.

Jeremia! Jetzt weiß ich's wieder! Jeremia!

Es stimmt, der bin ich. Aber bitte, verraten Sie mich nicht!

Nein, nein, bin auch nicht gut auf den König zu sprechen, was aber nicht unbedingt heißt, daß ich auf Ihrer Seite stehe.

Wichtig ist, ob Sie auf Gottes Seite stehen.

Ja, sehen Sie, da habe ich eben so meine Zweifel, ob Sie wirklich die Stimme Gottes sind. Nichts für ungut, verehrter Herr Jeremia, aber ich kann mir nicht denken, daß Gott so schlecht auf uns zu sprechen ist, wie Sie uns immer glauben machen wollen.

Was Sie sich denken können, ist nicht entscheidend...

Ich weiß, ich weiß, sondern was Gott selber sagt. Aber sagt er das wirklich, was Sie immer predigen? Ich meine, man muß das doch prüfen können. Sonst könnte ja jeder kommen und behaupten, er rede im Auftrag Gottes.

Und Sie haben meine Worte geprüft?

Naja, das wäre vielleicht zuviel gesagt. Aber sie leuchten mir nicht ein.

Es leuchtet Ihnen nicht ein, daß Gott strafen will? Daß er sich die Sünde des Volkes nicht länger gefallen läßt? Daß er nicht zusehen kann, wie man sein Gebot mit Füßen tritt? Wie man fremde Götter anbetet und ihn vergißt? Das leuchtet Ihnen nicht ein?

Hm, wenn Sie das so sagen...

Ich sage es so, wie es ist.

Aber damit kommen Sie nicht weit, Jeremia! Sie sehen doch, wohin Sie Ihr Fanatismus führt. Nun müssen Sie sich vor dem König verstecken. Und der zerreißt, wenn man dem Hofklatsch glauben kann, Ihre mühevoll geschriebenen Pergamente und wirft sie in das Kaminfeuer. Was hat das Ganze denn gebracht?

Der König ist gewarnt.

Er hört aber nicht darauf.

Das Volk ist auch gewarnt.

Das hört genauso wenig.

Das wußte ich vorher.

Wie bitte?

Ja, ich wußte vorher, daß niemand auf mich hören würde.

Aber warum – um alles in der Welt – haben Sie die ganze gefahrvolle Unternehmung dann überhaupt erst in Szene gesetzt, wenn sie doch nichts einbringt?

Gott wollte es so!

Gott wollte, daß alle gewarnt werden vor dem großen Gericht, obwohl das nichts nützt? Obwohl er wußte, daß niemand sein Verhalten ändert?

Niemand ist nicht ganz richtig. Einige wenige hören auf Gottes Wort.

Einige wenige! Die wären auch so fromm gewesen. Ich will Ihnen einen guten Rat geben, Jeremia: Wenn Sie wollen, daß mehr Leute auf Sie hören, dann müssen Sie aufhören mit Ihren sauertöpfischen Reden. Das lockt doch keinen Hund hinter dem Ofen hervor.

70

Wenn ich nicht sagen darf, was ich sagen soll, hat es gar keinen Zweck, daß ich überhaupt rede.

Aber das Wie, Jeremia, das Wie! Ich sage nichts gegen Ihre Methoden, die sind attraktiv. Mal haben Sie einen Krug öffentlich zerschmettert. Mal kamen Sie mit einem Joch auf den Schultern zum Tempel. Das erregte Aufsehen. Das ist gut. Aber dann Ihre Botschaft! Immer Gericht, immer Strafe, immer Zorn Gottes...

Wer bin ich, daß ich an Gottes Botschaft etwas ändern könnte?

Nicht ändern, aber andere Akzente setzen! Es klingt immer alles so schrecklich negativ bei Ihnen. Setzen Sie doch mal positive Akzente!

Wie gerne würde ich das tun, aber ich kann einfach nicht.

Na, ob Sie das gerne täten, bezweifle ich. Ich fürchte, Sie sind ein von Natur aus pessimistischer Mensch.

Ganz und gar nicht. Vielleicht glauben Sie es nicht, aber ich leide furchtbar unter der Botschaft, die ich zu bringen habe.

Wirklich?

Wirklich! Natürlich auch unter der Erfolglosigkeit.

Aber warum halten Sie dann nicht einfach den Mund?

Weil Gott das nicht zuläßt.

Ich kann mir auch nicht vorstellen, daß Gott zuläßt, daß sein Bote nur verlacht und verfolgt wird. Da setzt er sich doch nur selber der Lächerlichkeit aus. Als wenn er zu schwach wäre, sich Achtung zu verschaffen.

Eben. Und darum wird er sich Achtung verschaffen. Er wird das letzte Wort behalten.

Und bis dahin wollen Sie weiterpredigen? Und warnen?
Ja.
Und weiter leiden an Ihrem gefährlichen und erfolglosen Auftrag?
Ja.
Ach, Jeremia, Ihnen ist nicht zu helfen.
Mir wohl, aber dem gottlosen Volk nicht.

Josia: Reformer ohne Hoffnung
(2. Chronik 34–35)

Darf man Sie ansprechen, ehrwürdiger König Josia?
Mache ich den Eindruck, als wollte ich mit dem einfachen Volk nichts zu tun haben?
Ganz und gar nicht, Majestät. Im Gegenteil, man ist von Ihnen gewöhnt, daß Sie nicht nur Befehle geben, sondern selbst mit anfassen.
So?
Ich denke an Ihre Reise damals, Majestät, als Sie sämtliche Götzen verbrannten. Die Altäre der Baalsfiguren haben Sie auseinandergerissen und absichtlich entweiht. Die Sonnensäulen und die Ascherabilder haben Sie verbrannt und die Asche in alle Winde zerstreut.
Und das fandest du richtig?
Zumindest im Sinne unserer Religion. Ob es politisch klug war, wage ich nicht zu beurteilen.
Und warum sollte es politisch nicht klug sein?
Ich habe nicht gesagt, Majestät, daß es nicht klug gewesen wäre. Ich habe nur festgestellt, daß ich nicht wüßte...
Ein König ist es gewohnt, die Kritik zwischen den Zeilen zu hören. Also – was sind deine Bedenken? Du kannst offen sprechen. Ich tue dir nichts.
Vielen Dank, Majestät. Es ist nicht so, daß ich etwa der Meinung wäre, wir sollten weiter den Götzen dienen. Majestät haben ja in Ihrer Weisheit sehr richtig...
Spar dir die Vorrede und komm zur Sache.
Sehr wohl, mein König. Meine Frage war nur, ob ein solch radikales Vorgehen nicht auf Unverständnis stößt.

Es wäre schön, wenn das Volk mich versteht. Aber das ist nicht das Wichtigste. Wenn es mich nicht versteht, soll es trotzdem umkehren vom Götzendienst.

Aber wenn es versteht, wenn es zur Einsicht kommt, wird es viel eher zum wahren Gottesdienst kommen, als wenn man es zwingt.

Das ist richtig. Aber seit vielen hundert Jahren versuchen die Lehrer und Propheten, das Volk zur Einsicht zu bringen – mit immer weniger Erfolg, wie die vielen heidnischen Kultstätten beweisen.

Verzeiht, wenn ich weiter argumentiere, Majestät. Ich bin mir bewußt, daß Sie sicher die richtigen Entscheidungen...

Laß das höfliche Gerede und komm zur Sache. Es ist schlimm genug, wenn meine Beamten sich so vorsichtig ausdrücken, daß man nur raten kann, welcher Kern in ihren honigsüßen Worten verborgen ist.

Gern, Majestät. Ich meine dies: Allzu radikales Vorgehen erregt nur Feindschaft.

Das war mir schon vorher klar. Entschiedenheit bringt Feindschaft.

Ob Sie nicht mit etwas mehr Behutsamkeit mehr erreicht hätten? Erzieherische Maßnahmen, meine ich. So wie es jetzt ist, hat das Volk zwar keine Kultstätten mehr, aber der Götzendienst schwelt im Untergrund. Und da ist er viel gefährlicher.

Und wie könnten solche erzieherischen Maßnahmen etwa aussehen?

Hm, das ist nicht leicht. Hm...

Du weißt also auch kein Rezept?

Ehrlich gesagt, nein, Majestät.

Aber ich.

Sie?

Ich gebe gern zu, daß ich damals auch keins wußte. Als ich durchs Land zog und alle heidnischen Kultstätten vernichtete, tat ich das in jugendlichem Tatendrang. Den brauche ich nicht zu bereuen. Aber er reichte nicht aus. Du hast ganz recht: Man kann dem Volk nicht nur das Schlechte nehmen, man muß ihm auch etwas Gutes geben.

Und Sie haben so etwas Gutes, etwas Positives?

Ja, Gottes Wort.

Gottes Wort? Verzeihung, Majestät, ich verstehe nicht ganz ...

Gottes Wort in Form einer Buchrolle. Als die Priester und Leviten auf mein Geheiß den Tempel renovierten, fanden Sie eine alte Gesetzesrolle. Sie war vollkommen in Vergessenheit geraten.

Und was steht da drin, wenn ich mal fragen darf ...

Alle Gesetze, die Gott durch Mose seinem Volk geboten hat. Gesetze, die wir entweder gar nicht mehr kannten oder nur sehr ungenau.

Das ist sehr gut!

Und die Regelung von Festen, zum Beispiel das große Passah. Ich werde es mit allen feiern, die teilnehmen möchten. Ich werde viele Schlachttiere opfern und alles so ausrichten, wie es dasteht.

Ah, und das soll bald ...

Ich habe Einladungen ins ganze Land ergehen lassen.

Sehr gut, das ist wirklich etwas Positives. Ein Fest! Sehr gut! Da werden die Leute den Baalskult vergessen, wenn der Got-

*tesdienst belebt wird und sie ein klares Gesetz haben, nach
dem sie sich richten können.*

Wohl kaum.

*Wie? Verzeihung, Majestät, Sie glauben selbst nicht an den
Erfolg Ihrer Reform!*

In dem Gesetzbuch steht, daß Gott das Volk für seinen
Abfall hart bestrafen wird. Ich ließ eine Prophetin fragen, ob das für uns zutrifft. Ja, hat sie geantwortet, all
das Unglück wird über uns kommen, weil das Volk den
Herrn verlassen hat: Krieg und Gefangenschaft, Hunger und Blutvergießen. Nur ich werde es nicht mehr erleben.

Schrecklich! Furchtbar!

All mein Bemühen nützt nichts mehr. Es kommt zu
spät.

*Aber, Majestät, warum bemühen Sie sich dann noch, wenn es
das Volk doch nicht rettet und Ihnen die Rettung zugesagt
ist?*

Um Gottes willen. Wenn einer weiß, was richtig ist,
kann er es doch nicht unterlassen, weil es ihm nichts
nützt. Wahrer Gottesdienst dient nicht einem selbst-
süchtigen Zweck, sondern der Ehre des Herrn.

Schadrach: Held unter Zittern
(Daniel 3)

Verzeihung, ich kenne Sie doch!
Ich wüßte nicht, woher.
*Ach, jetzt fällt's mir wieder ein! Sie waren ja auch nicht zu
übersehen! Alles Volk fiel nieder, um das Standbild anzube-
ten, nur Sie mit Ihren Freunden blieben stehen. Einsam wie
eine Palmengruppe an der Oase in der Wüste. Ich hab' ein
bißchen aus den Augenwinkeln geblinzelt. Das waren Sie
doch, nicht wahr?*
Ja, das waren wir.
Darf ich mal nach Ihrem Namen fragen?
Schadrach. Und meine Zellengenossen sind Meschach
und Abed-Nego.
*Ich wundere mich, daß Sie überhaupt noch hier sind und
nicht längst einen Kopf kürzer gemacht wurden.*
Gott hat uns bis hierher geholfen.
*Gott? Ich vermute eher, daß es die Absicht des Königs war,
euch besonders qualvoll sterben zu lassen oder in einer groß
aufgezogenen öffentlichen Hinrichtung.*
Es kann nichts geschehen, was Gott nicht will.
*Na, darüber wollen wir nicht streiten. Jedenfalls gibt es für
Sie keine Rettung mehr.*
Darüber ist das letzte Wort noch nicht gesprochen.
*Der König hat da eine Methode bei öffentlichen Hinrichtun-
gen, die ist sehr attraktiv für das Volk und im wahrsten Sinn
des Wortes todsicher. Er läßt die Kupferschmelzöfen besonders anheizen und die Gefangenen oben hineinwerfen. Allein
am oberen Rand ist es dann schon so heiß, daß die Soldaten*

dabei manchmal sterben, die sie da hineinstoßen müssen. Ein
Kommando, zu dem man strafversetzt wird.

Sie haben ja eine besondere Gabe, einem Mut zu machen!

Na, nichts für ungut, Herr Schadrach. Wollte nur mal sehen,
ob Sie wirklich so mutig sind, wie Sie immer tun.

Ich bin gar nicht mutig.

Sie geben auf einmal zu, daß Sie Angst haben?

Das habe ich gar nicht bestritten. Ich habe nur gesagt,
daß mir nichts geschehen kann, was Gott nicht zuläßt.

Das heißt also, Sie sind gar nicht so sicher, daß Ihr Gott Sie
retten kann?

Falsch! Ich bin sicher, daß er uns retten kann. Aber ich
bin nicht sicher, ob er es tut. Dann sterben wir. Aber
wir können unsern Gott nicht verleugnen.

Ich bewundere Ihren Mut.

Es ist kein Mut. Wir haben Angst.

Wenn man keine Angst hat, hat man auch keinen Mut. Mut
haben heißt, die Angst bändigen.

Schön gesagt, Freund. Aber es ist trotzdem kein Mut.
Es ist Vertrauen auf Gott.

Gott – ist das der, den Ihr Volk in Juda angebetet hat?

Es gibt nur einen Gott. Er hat Himmel und Erde gemacht, und ihm ist alles untertan.

Ich hoffe in Ihrem Interesse, daß das stimmt, Herr Schadrach.

Es stimmt. Wir glauben es. Zitternd zwar, aber wir wissen es. Unser Gott hat uns und alles in der Hand.

Daniel: Politiker mit Standpunkt
(Daniel 6)

Na, aufgeregt, Daniel?

Warum sollte ich aufgeregt sein, wo ich doch eben vom Gebet komme? Das Gebet läßt ruhig werden und gibt einen klaren Blick.

Aber wohl kaum, wenn es nicht mit einem ordentlichen Amen abgeschlossen wird. Soweit ich mitbekommen habe, hat ein Greifkommando Sie recht unsanft dabei unterbrochen.

Das stimmt, ja.

Sozusagen auf frischer Tat ertappt.

Diesen Ausdruck gebraucht man nur, wenn man jemanden bei einer unrechten Handlung beobachtet hat.

Man hat Sie bei einer unrechten Handlung beobachtet.

Seit wann ist es unrecht zu beten?

Seit Darius eine Verordnung erlassen hat, wonach niemand im Reich von jemand anderem etwas erbitten darf als vom König selbst. Dreißig Tage lang.

Ich kann doch meinem Gott gedankt haben. Wer will mir denn beweisen, daß ich etwas von ihm erbat?

Machen Sie sich nichts vor! Mit solchen Spitzfindigkeiten kommen Sie nicht durch!

Es war auch nur ein Scherz. Ich weiß natürlich auch, daß sie mir daraus einen Strick drehen können.

Dann wundert's mich, daß Sie noch zu Scherzen aufgelegt sind. Die Sache ist ernster, als Sie zu denken scheinen.

Ich kann mir kaum vorstellen, daß Darius auf diese heimtückischen Intriganten eingeht. Schließlich habe ich ihm jahrelang in großer Treue gedient. Nie war er mit mir unzufrieden. Im Gegenteil, ich genieße sein volles Vertrauen.

Zugegeben. Aber Sie vergessen, daß der Stuhl eines Politikers immer eine Art Schleudersitz ist. Besonders, wenn man so viele Neider hat.

Ich bin kein selbständiger Politiker, sondern ein Verwaltungsfachmann. Das ist ein feiner, aber wichtiger Unterschied.

Ich weiß. Und Sie sind sogar ein ausgezeichneter Verwaltungsfachmann. Und eben, weil Sie kein Politiker sind, geht Ihnen jeglicher Sinn für Diplomatie ab.

Was meinen Sie damit?

Ein Politiker muß sich mit viel Fingerspitzengefühl am diplomatischen Spiel beteiligen, muß Pläne und oft auch Intrigen spinnen, muß eine gute Nase für Gefahren haben und wissen, wann er nachgeben und wann er auftrumpfen sollte.

Und Sie meinen, zu all dem bin ich unfähig?

Allerdings.

Woran sehen Sie das?

Na hören Sie mal! Sie wußten von dem Gebot und haben trotzdem gebetet! Und das nicht etwa abends heimlich unter der Bettdecke, sondern dreimal am hellichten Tag! Und auch noch bei offener Balkontür!

Man kann doch nicht eine gute geistliche Gewohnheit einstellen, nur weil ein paar Neider hinter der Gartenmauer auf der Lauer liegen.

Nicht wegen der Neider, aber wegen des königlichen Gebotes! Vorher mag das ja eine gute geistliche Gewohnheit gewesen sein, wie Sie sagen. Das will ich nicht beurteilen. Aber nachdem das Gebot erlassen war, war es religiöser Starrsinn.

Ein Glaube, an dem man nur in guten Zeiten festhält, ist nichts wert.

Aber man muß ihn doch in der Krisenzeit nicht zu Markte tragen! Oder auf dem Balkon zelebrieren!

Doch, gerade dann!

Warum, Daniel? Warum sich in Gefahr begeben, wenn es gar nicht nötig ist?

Es ist ja nötig!

Verstehe ich nicht!

Mein Glaube ist nicht meine private Angelegenheit. Sehen Sie, viele Menschen in diesem Land sollen den lebendigen Gott kennenlernen. Manche haben sich ein Beispiel an mir genommen. Wie können sie in dunklen Zeiten treu bleiben, wenn sie sehen, daß ich untreu bin? Ganz zu schweigen von den Feinden Gottes. Wie kann ich sie gewinnen, wenn sie sehen, wie schnell ich zurückstecke?

Wenn Sie in der Löwengrube landen, ist es mit Ihrer Mission auch vorbei.

Erstens steht noch nicht fest, ob ich zu den Löwen muß.

Da kennen Sie aber das Gesetz der Meder und Perser schlecht, das nie gebrochen werden darf.

Zweitens kann es durchaus eine gute Wirkung haben, wenn die Menschen sehen, daß ich für meinen Gott auch mein Leben lasse.

Hm, das mag schon sein. So was beeindruckt immer sehr. Aber ich sehe darin kein erstrebenswertes Ziel.

Und drittens kann es ja auch sein, daß die Löwen mich gar nicht zerreißen.

Nicht zerreißen? Sie meinen, weil sie zu satt sind? Ha! Die Hoffnung können Sie vergessen. Die Bestien haben seit Wochen nichts gekriegt. Ehe Sie auf dem Boden des Grabens angekommen sind, werden Sie in Fetzen gerissen sein.

Sie verstehen mich falsch. Ich vertraue nicht darauf, daß die Löwen keinen Hunger haben. Ich vertraue auf Gott.

Also, wissen Sie, Ihr Glaube mag ja beeindruckend sein. Ich zweifle nur, ob sich auch die Löwen davon beeindrucken lassen.

Das wird nicht nötig sein, wenn Gott ihnen den Rachen zuhält.

Ich fühle mich bestätigt in meiner Meinung, daß Sie dem religiösen Starrsinn verfallen sind.

Warten wir es ab.

Ja, warten wir es ab. Nur schade um Sie. Sie waren eigentlich ein netter Mensch. Und ein ausgezeichneter Verwaltungsfachmann. Ich hoffe nur, daß Ihr Gott stärker ist als die Raubkatzen. Wenn ich Ihnen noch einen guten Rat geben darf: Falls die Löwen Sie nicht gleich verspeisen, treten Sie wenigstens in Ihrem Glaubensübermut den Bestien nicht auf den Schwanz.

Vielen Dank. Und auch Ihnen gebe ich einen guten Rat: Fangen Sie an, zu dem lebendigen Gott zu beten. Es muß ja nicht gleich auf dem Balkon sein.

Nehemia: Architekt mit Visionen
(Nehemia 2)

Ach, Sie sind es, Nehemia. Guten Abend!
Sie kennen mich?
Natürlich. Es war nicht zu übersehen, als Sie neulich einzogen in unsere ärmliche Stadt Jerusalem. Eine ansehnliche Begleitung hatten Sie bei sich. Und es ging das Gerücht, Sie hätten einen Spezialauftrag vom persischen König. Aber ich will nicht neugierig sein...
Sie tun gut daran!
Ihr Name war jedenfalls in aller Munde. Ich hätte nicht gedacht, daß Ihnen dieser Esel gehört.
Warum nicht?
Wer gewohnt ist, auf Pferden zu reiten, steigt nicht gern auf einen Esel.
Der schlechte Weg macht es notwendig.
Ich weiß. Und von hier an konnte noch nicht einmal ein Esel gehen. So banden Sie das Tier hier an und gingen zu Fuß. Und ich wunderte mich, warum hier in den Trümmern mitten in der Nacht ein Esel schreit. Dachte, er hätte sich verirrt und wollte nachsehen.
Ob noch mehr Leute aufmerksam geworden sind?
Weiß ich nicht. Warum liegt Ihnen daran, Ihren Ritt geheimzuhalten?
Wer sagt Ihnen denn, daß ich ihn geheimhalten will?
Aber Nehemia! Sie wollen mich doch wohl nicht für dumm verkaufen! Wer stolpert denn in stockfinsterer Nacht durch diese Trümmer, wenn er nicht etwas verbergen will?
Was sollte ich schon zu verbergen haben?

Auch das ist nicht schwer zu raten.

Wirklich? Da bin ich aber gespannt.

Blumen pflücken oder Eidechsen fangen könnten Sie besser am Tage. Und einen Schatz gibt es hier sicher nicht. Den hätten schon vor über 100 Jahren die Babylonier mitgenommen. Also kann ich mir nur denken, daß Sie das Gelände inspizieren wollen.

Und wozu das?

Wenn ein einflußreicher Mann, dazu ein Patriot, mit weitgehenden Vollmachten vom persischen König kommt, wenn er keinen Grund für sein Kommen angibt, aber bei erster Gelegenheit die zerstörte Stadtmauer eingehend besichtigt – dann kann das nur eins heißen: Er will die Mauer aufbauen.

Sie sind ein kluger Mann. Ich könnte Sie in meinem Stab gebrauchen.

Vorausgesetzt, ich wollte.

Warum sollten Sie nicht wollen?

Weil das ein sinnloses und aussichtsloses Unternehmen ist.

Sinnlos? Aussichtslos? Aber hören Sie mal...

Natürlich höre ich, es bleibt mir ja nichts anderes übrig bei dieser Dunkelheit. Wenn ich sehen könnte, und wenn Sie sehen könnten, würde Ihnen jedes weitere Wort im Hals steckenbleiben angesichts dieser Trümmerberge. Sie müssen mal am Tage kommen! Da vergeht Ihnen jede Baulust.

Mit Lust hat das nicht viel zu tun. Ich spüre, daß ich einen Auftrag dazu habe.

So was können Sie auch nur nachts spüren. Stehen Sie mal bei Licht in diesem Chaos...

Ich habe auch beim Sternenlicht erkannt, daß es eine schwierige Aufgabe wird.

Schwierig? Gewaltig, sage ich Ihnen! Unmöglich!

Wenn alle anpacken...

Es werden aber nicht alle anpacken! Die Leute haben gar kein Interesse an einer Stadtmauer. Und kein Geld.

Wenn Gott es ihnen ins Herz gibt...

Ich weiß ja nicht, Nehemia, welche Wunder Sie für möglich halten. Aber ist Ihnen klar, daß es schon ein Wunder größten Kalibers sein müßte, wenn dieser Haufen selbstsüchtiger, geldgieriger und risikoscheuer Individualisten eine solche Aufgabe anpacken würde?

Sie scheinen keine gute Meinung von Ihren Mitbürgern zu haben.

Sie kennen sie noch nicht.

Aber Gott kann es machen, daß sie alle...

Und selbst wenn – es sind viel zu wenige. Die Stadt ist bei weitem noch nicht so dicht bevölkert wie damals, als diese Trümmer noch Mauern waren.

Um so länger wird es dauern, das heißt, um so schneller müssen wir anfangen. Ich gebe zu, daß die Voraussetzungen in dieser Hinsicht nicht gut sind. Aber sonst – ich habe die Zusage für gutes Holz, Steine gibt es noch genug.

Und an Sanballat haben Sie auch gedacht?

Den persischen Gouverneur in Samaria? Was hat er damit zu tun?

Glauben Sie, der läßt Sie so einfach bauen? Da kennen Sie ihn aber schlecht.

Ehrlich gesagt, ich kenne ihn gar nicht.

Das merkt man. Und Tobia auch nicht, den Gouverneur bei den Ammonitern?

Nein.

Wie können Sie nur glauben, die ließen sich ohne Gegenwehr ihren Einflußbereich beschneiden! Es wären schlechte Politiker wenn sie nicht bald den Braten riechen würden. Schlechte Menschen sind Sie ja, aber keine schlechten Politiker.

Was meinen Sie mit »den Braten riechen«?

Nehemia! Jerusalem war einmal eine mächtige Hauptstadt. Aber im Augenblick ist es ein Dorf, ein Provinznest auf Trümmerbergen. Darum ist das ganze Land den Machtsphären der großen Nachbarn zugeschlagen. Und die können sich an den zehn Fingern abzählen, daß Jerusalem wieder zum Mittelpunkt des ganzes Landes wird, wenn es erst einmal wieder eine richtige Stadt ist, und wenn es das Format einer wirklichen Metropole bekommt.

Sie haben recht. Sie werden ihren Einfluß schwinden sehen. Aber das wird sich nicht vermeiden lassen.

Wie wollen Sie sich wehren, wenn sie eine Armee schicken? Der Perserkönig ist weit...

Das Volk muß sich verteidigen.

In einer Hand den Spieß und in der anderen die Mauerkelle, wie? O Nehemia, Sie haben Vorstellungen!

Warum nicht? Das geht alles, wenn Gott sie dazu bewegt.

Machen Sie, was Sie wollen. Ich gehe jetzt schlafen. Aber stolpern Sie nicht! Wäre schade, wenn der Aufbau einer Weltstadt wegen eines verstauchten Knöchels scheitern müßte. Gute Nacht!

Levi: Beamter im Aufbruch
(Lukas 5, 27–32)

Soviel Unordnung ist man bei dir gar nicht gewöhnt, Levi.
Ach, bist's du. Ja, du hast recht. Aber wenn eine große
Feier zu Ende ist, steht selten etwas an seinem ge-
wohnten Platz. Faß doch bitte mal an dem Tisch an.
Auch bist du nicht an deinem gewohnten Platz, Levi.
So ist es. An dem Platz werde ich nie mehr sein.
Man soll nie »nie« sagen.
Warum nicht? Ich habe erkannt, daß der alte Weg
falsch war, und will ihn nie mehr betreten.
*Falsch? Gut, es ist nicht gerade ein hoch ehrenwerter Brot-
erwerb, den Leuten im Auftrag der Römer das Geld aus der
Tasche zu ziehen. Und manchmal auch ein bißchen mehr, als
die Römer verlangen. Aber was soll's – du hast gut verdient
dabei.*
Du kannst mich nicht zurückholen. Jetzt nicht mehr.
*Will ich gar nicht. Unzählige Leute reißen sich um diesen ein-
träglichen Posten. Ich will nur wissen, was mit dir vorgegan-
gen ist.*
Ich sagte doch: Ich habe diesen Weg als falsch erkannt.
Schieb mir doch bitte mal die Schüsseln rüber.
*Hier. Aber, Levi, früher hast du nie davon geredet. Da war
dir die Moral gleichgültig. Hauptsache, die Kasse stimmte.*
Ja eben. Und genau das war verkehrt.
*Und was hat diesen plötzlichen Gesinnungswandel ausge-
löst?*
Jesus.
Jesus? Ich weiß, daß er da war und dich aufgefordert hat, mit

*ihm zu kommen. Das erzählt man sich überall. Aber das ist
keine befriedigende Antwort. Es muß doch mehr dahinter-
stecken als der Appell eines Wanderpredigers...*

Nein. Sicher, ich hatte schon manchesmal darüber
nachgedacht, ob das richtig sei, was ich hier tat. Inso-
fern war ich ein wenig vorbereitet. Aber ich fand nicht
heraus, hatte keinen Mut, keine Kraft zu einem Neuanfang.

Und als Jesus kam...?

Als Jesus kam, war alles anders.

Was war anders?

Er sagte: »Folge mir!«

*Ich weiß, was er sagte. Aber das allein kann es doch nicht
sein. Es muß doch noch irgend etwas Besonderes passiert
sein. Irgendein Grund, auch zu tun, was er verlangte. Wenn
ich dich aufgefordert hätte, hinter mir herzugehen, hättest du
es sicher nicht getan.*

Das kannst du doch nicht vergleichen. Er ist eben kein
gewöhnlicher Mensch.

Was ist denn nur so ungewöhnlich an ihm?

Schwer zu beschreiben. Seine Vollmacht, seine Weisheit, seine Liebe – ja eben seine ganze Persönlichkeit.

*Und so etwas reicht, um dich zu einer völligen Änderung dei-
nes Lebensstils zu veranlassen?*

Veranlassen – das klingt so, als hätte er mich überredet.
Es war ganz anders. Er selbst hat die Änderung in mir
bewirkt, hat mir ein neues Leben geschenkt, aber ohne
mich zu zwingen...

Das verstehe ich nicht.

Du hättest ihn selbst kennenlernen sollen. Dann könntest du mich verstehen. Deshalb habe ich ja auch alle meine Kollegen eingeladen. Sie sollten ihn persönlich kennenlernen. Hilf mir doch bitte mal, das Tischtuch zusammenzulegen.

Gern. Was ich noch wissen wollte – wann bist du ihm denn gefolgt?

Wie denn – wann?

Na, am nächsten Tag oder schon am Abend oder wann?

Nein, gleich.

Gleich?

Sofort.

Ja, aber – du mußtest doch erst deine Einnahmen abrechnen und die Kasse schließen und die Bücher...

Ach was, Bücher hin, Bücher her. Wenn Jesus ruft, muß man gleich folgen.

Scheint dich wirklich ungeheuer fasziniert zu haben, dein Jesus.

Glücklich gemacht hat er mich. Überglücklich. Darum habe ich ihn auch eingeladen. Ich wollte meine Freude ausdrücken, meine Dankbarkeit, verstehst du? – Hier sind noch ein paar Feigen übrig. Greif nur zu!

Danke. Hm, schön süß. Aber Levi, die Zöllner, die du eingeladen hast – ich meine, denen gegenüber hattest du doch keinen Dank abzustatten.

Nein, die wollte ich nur mit Jesus in Verbindung bringen.

Weißt du auch, daß du damit ziemlichen Ärger ausgelöst hast?

Ärger?

Ja, die Pharisäer haben das alles argwöhnisch beobachtet...

Ach so, die. Das weiß ich schon, ja. Aber sie haben sich nicht über mich geärgert, sondern über Jesus, weil er sich nicht zu schade war, mit so einer Gesellschaft zu tafeln.

Das hätte er sich vorher denken können, daß er damit Anstoß erregt.

Hat er sicher auch. Aber sollte er mit Rücksicht auf die dünkelhaften Schriftgelehrten sich von uns distanzieren?

Du verteidigst ihn besser, als er das selber könnte.

Nein, er hat selbst ein klares Wort dazu gesagt. Man hatte ihm nämlich hinterbracht, was die Heuchler draußen zu meckern hatten. Was meinst du, wie er geantwortet hat?

Nun sag's schon. Ich bin nicht in der Stimmung für Rätsel. Außerdem weiß man bei deinem Jesus nie, was er macht. Er handelt immer anders als andere Leute. Jedenfalls weiß ich, daß er euer Festmahl nicht verlassen hat.

Im Gegenteil, er hat gesagt: »Die Gesunden brauchen keinen Arzt, sondern die Kranken. Ich bin gekommen, um die Sünder zu retten und nicht die Gerechten.«

Hm. Das heißt, er sieht die Sünde als eine Art Krankheit.

Genau. So wie ich es empfunden habe, bevor ich ihn kennenlernte.

Und er will da heraushelfen.

Eben.

Und bei dir hat er das auch fertiggebracht?

Sag ich doch die ganze Zeit.

Hm.

Tochter des Jairus: Teenager im Koma
(Lukas 8, 40–56)

Bist du nicht die Tochter von Jairus, dem Synagogenvorsteher?

Ja.

Du warst doch sehr krank, nicht wahr?

Ja.

Und jetzt bist du wieder gesund?

Ja.

Sag doch nicht immer nur ja. Erzähl mir ein bißchen mehr.

Nein.

Hm?

Ich soll nichts erzählen, hat mein Vater gesagt.

Warum denn nicht?

Jesus wollte nicht, daß es bekannt wird.

Es ist ja sowieso schon bekannt. Jeder weiß, daß du schwer krank warst. Ja, einige behaupten sogar, du wärst tot gewesen.

Das sagen mein Vater und meine Mutter auch.

Und du? Was sagst du?

Ich weiß es nicht.

Du kannst dich nicht mehr erinnern?

Ich weiß nur noch, daß ich tief geschlafen habe.

Geschlafen?

Ja. Und vorher hatte ich große Schmerzen, und mir war schlecht und ganz heiß.

Und wie du so krank warst, da hat dein Vater Jesus gesucht.

Nein, am Anfang nicht. Er hat gesagt, die Obersten hielten nicht viel von ihm.

Aber er hat doch Jesus aufgesucht und ihn gebeten, dich gesund zu machen?

Das war erst später, als der Arzt nicht wußte, was er machen sollte. Mutter hat geweint, und Vater ist losgelaufen, um Jesus zu suchen.

Und dann kam er auch?

Nein.

Nein? Aber er war doch da.

Ich hab' ihn nicht gesehen. Ich habe nur gesehen, wie Mutter weinte.

Aber später...

Ja, später, als ich wieder aufgewacht bin, da war er da.

Und was tat er?

Ich hab's vergessen. Aber er stand da und sah mich ganz freundlich an. Ach ja, jetzt fällt es mir wieder ein. Er hatte seine Hand auf meinen Kopf gelegt. Das war sehr schön. Ich habe mich auch gar nicht mehr krank gefühlt.

Und dann?

Ich sollte aufstehen, hat er gesagt.

Und du bist aufgestanden?

Natürlich.

Natürlich ist gut. Natürlich finde ich es eigentlich nicht, daß jemand aufsteht, der eben noch tot war.

Sie glauben also auch, daß ich tot war?

Ich muß es wohl glauben, obwohl es mir schwerfällt. Alle sagen ja, du wärst tot gewesen. Die Klagefrauen waren auch schon da.

Schrecklich!

Was ist schrecklich?

Die Klagefrauen. Als mein Großvater gestorben war, da haben sie auch ihre traurige Musik gemacht und schrecklich gezetert. Ich muß immer weinen, wenn ich das höre.

Aber diesmal hast du es ja nicht mit anhören müssen.

Nein. Aber sie haben auch gar nicht richtig geweint, hat meine Mutter gesagt.

Nicht?

Nein, sie haben gelacht. Als Jesus gesagt hat, ich wäre nicht tot, ich würde nur schlafen, da haben sie gelacht.

Ja, so ist das mit den Klagefrauen. Sie klagen eben nur, weil sie's bezahlt kriegen. Sie sind meistens nicht wirklich traurig.

Weil sie mich nicht richtig liebhaben.

Nur deine Eltern waren sehr traurig. Sie haben dich sicher lieb.

Und Jesus.

Du meinst, Jesus hat dich so lieb wie deine Eltern, weil er dich gesund – eh, weil er dich wieder lebendig gemacht hat?

Nicht nur darum. Er hat mich eben lieb. Ich hab' es gespürt.

Hm. Und dann ist er wieder gegangen?

Sie meinen, wie ich aufgestanden war?

Ja. Hat er da noch etwas gesagt oder sich nur verabschiedet oder wie?

Er hat gesagt, meine Eltern sollten mir was zu essen geben.

Zu essen? Eben vom Tod auferweckt, und schon sollten sie ans Essen denken?

Na klar, was meinen Sie, was ich für 'nen Hunger hatte!

Hm.

Und dann hat er noch gesagt... Ach du Schreck, jetzt habe ich doch alles erzählt.

Jesus wollte sicher nicht, daß da so eine Sensation draus wird. Deshalb solltet ihr das Wunder nicht an die große Glocke hängen. Er wollte, daß die Leute von Herzen an ihn glauben, weil sie ihn liebhaben, und nicht weil er so großartige Dinge tun kann.

Sie meinen, die Leute haben ihn nicht gern. Warum nicht?

Manche ärgern sich über ihn, weil er so anders ist. Er sagt ihnen, was sie falsch machen. Aber sie wollen sich nicht ändern. Manche glauben auch einfach nicht, daß er Wunder tun kann.

Ich glaube es aber.

Ja, du bist auch noch ein Kind. Erwachsene zweifeln immer erst, wenn etwas geschieht, das es bisher noch nicht gegeben hat, z. B. daß ein Toter wieder lebendig wird. Ich gebe zu, daß ich auch unsicher bin. Deswegen habe ich dich so genau ausgefragt.

Ich weiß auch, daß sonst keine Toten lebendig werden. Aber bei Jesus ist das doch etwas ganz anderes. Er kann alles.

Er kann alles, ja. Hm. Könnte man nur glauben wie ein Kind. Kann ich jetzt weiterspielen?

Ja, Kind, spiel nur. Freu dich deines Lebens und sei Gott dankbar dafür! (ruft hinterher) Und bleib es auch, wenn du groß bist.

Nikodemus: Stadtrat mit Skrupeln
(Johannes 3 und 7)

Haben Sie einen Moment Zeit, Nikodemus?
Worum geht's?
Ihr Votum heute im Hohen Rat...
Habe ich etwas Falsches gesagt? Das muß man mir erst
einmal nachweisen! Ich habe...
*Ja, ja, schon gut. Es war alles richtig. Sagen Sie mal, können
wir uns nicht so ein bißchen hier in den Mauerwinkel ver-
drücken? Ich meine, es schwirren wirklich schon genug Ge-
rüchte durch Jerusalem. Wir müssen sie nicht noch vermeh-
ren...*
Gelte ich schon so sehr als Revolutionär, daß man sich
nicht mehr öffentlich mit mir sehen lassen kann?
*Das wohl nicht. Aber Sie wissen, es sind unruhige Zeiten.
Noch weiß man nicht, wo das alles hinläuft.*
Noch weiß man nicht, wo der Wind weht, so daß man
sein Mäntelchen danach hängen könnte.
*Sie tun mir unrecht, Nikodemus. Ich bin ehrlich Ihrer Mei-
nung, die Sie im Hohen Rat geäußert haben, daß man näm-
lich diesen Jesus nicht nur aufgrund von Gerüchten verurtei-
len kann.*
Aber...?
Kein »Aber«!
Kein »Aber«? Warum haben Sie mich dann nicht unter-
stützt?
Naja, Sie haben schon recht. Aber...
Also doch »aber«!
Hm, ja, in gewisser Weise schon. Ich meine, die Argumente

der anderen Seite sind auch nicht ganz von der Hand zu weisen.

Zum Beispiel?

Daß aus Galiläa kein Prophet aufsteht.

Ein fadenscheiniges Argument. Es kann doch von Gott auch mal so gewollt sein, auch wenn es das bisher noch nicht gegeben hat.

Hm.

Ich will Ihnen sagen, was wirklich dahintersteht: Die Mitglieder des Hohen Rates fürchten um ihren Einfluß. Da läuft etwas an ihnen vorbei. Bisher waren sie immer die letzte Instanz in geistlichen Fragen.

Den Verdacht habe ich auch. Deshalb ist mir unheimlich bei dieser vorschnellen Verurteilung. Gesetzt den Fall, Jesus wäre wirklich ein von Gott gesandter Prophet...

Er ist es!

Sind Sie da so sicher?

Ja.

Aber vorhin haben Sie sich nicht unbedingt als sein Freund zu erkennen gegeben. Sie haben sich nur auf das Gesetz berufen, das jedem die gleiche Chance einräumt.

Das ist richtig. Man soll sich daran gewöhnen, daß man die Gesetze nicht so hinbiegen kann, wie's einem paßt.

Das werden Sie wohl nie erreichen.

Fürchte ich auch.

Sie haben also auch davor zurückgeschreckt, sich ganz zu ihm zu stellen! Verstehen Sie mich richtig! Ich mache Ihnen keinen Vorwurf. Nur weil Sie vorhin mir vorgeworfen haben, daß ich nicht meine Stimme laut erhoben hätte. Sie sind einer seiner Freunde und haben trotzdem...

Nein, so würde ich das nicht sagen. Vielleicht bin ich ein Sympathisant, aber ich gehöre nicht zum harten Kern seiner Leute, wenn Sie verstehen, was ich meine.

Das verstehe ich durchaus.

Sehen Sie, da beschließen die hohen Herren, ihn gefangenzunehmen. Die Knechte, die sie ausschicken, kommen unverrichteterdinge zurück, weil sie von ihm so beeindruckt sind. Wer ist wohl im Recht – die gebildeten Theoretiker an ihrem grünen Tisch oder die Leute, die zwar schlicht und auch ohne besondere Schriftkenntnis sind, die ihn aber selbst gesehen und gehört haben?

Hm. Ja, man sollte ihn schon selbst kennen, um über ihn urteilen zu können.

Das Besondere an Jesus sind ja nicht nur die Taten, die von ihm berichtet werden, oder seine Worte. Es ist die göttliche Vollmacht, die hinter seinen Worten steht, die Liebe, aus der heraus seine Wundertaten geschehen, die Hoheit seiner Persönlichkeit...

Sie sprechen, als hätten Sie ihn selbst gesehen!

Habe ich auch!

Was? Sie haben...?

Eines Nachts bin ich zu ihm gegangen und habe mich ausführlich mit ihm unterhalten.

Was Sie nicht sagen! Und was war Ihr Eindruck? Was sagte er? Erzählen Sie doch mal!

Wenn Sie versprechen, es nicht auszuposaunen...

Kein Sterbenswörtchen! Ehrenwort!

Ich habe ihn auf seine Wunder hin angesprochen und ihm gesagt, daß ich ihn für einen Beauftragten Gottes hielte. Aber er ging gar nicht darauf ein. Er sprach davon, daß jeder Mensch neu geboren werden muß.

Neu geboren? Wie soll denn das gehen?

Hab' ich ihn auch gefragt. Er meinte das natürlich bildlich. Es geht um einen geistlichen Vorgang. Viel mehr kann ich Ihnen auch nicht sagen. Ich meine, ich verstehe das Bild schon – manchmal fühlt man sich wie neu geboren, wenn man nach Ermüdung wieder erfrischt wurde. Aber hier geht es offenbar um mehr als um ein Gefühl. Der Geist Gottes wirkt mit.

Ich kann mir vorstellen, was er meint. Wer seiner Lehre glaubt, nimmt an einem besonderen Leben teil, oder so ähnlich.

Ja und nein. Es geht nicht nur um seine Lehre. Vielmehr um ihn selbst. Mehr weiß ich nicht. Er deutete ein zukünftiges Ereignis an, das ich nicht kenne. Wie Mose in der Wüste die Schlange erhöht habe, so müsse er erhöht werden, sagte er. Wer dann auf ihn sehe, soll gerettet werden, so wie unsere Väter gerettet waren, als sie auf die Schlange sahen.

Warten wir ab, was noch geschieht.

Sehen Sie, da habe ich eben Sorge, daß dieses Ereignis vielleicht verhindert wird, weil der Hohe Rat ihn umbringt.

Die Sorge hätte ich nicht. Wenn Gott durch ihn die Menschen retten will, wird er sich seinen Plan nicht von ein paar Pharisäern zerstören lassen.

Das ist auch wahr. Warten wir es also ab.

Ehebrecherin: Skandalnudel mit Zukunft
(Johannes 8)

Verzeihung – ich kenne Sie doch ...

Lassen Sie sich mal einen neuen Trick einfallen, um Frauen anzusprechen.

Ach was, nicht wie Sie meinen! Ich hab' Sie irgendwo – ah, jetzt weiß ich's wieder – auf dem Tempelplatz! Sie waren die Frau, die sie zu Jesus brachten, weil sie – äh ...

Sagen Sie's nur, weil sie beim Ehebruch erwischt wurde.

Verzeihung, es war nicht meine Absicht, in diesen etwas peinlichen Dingen herumzurühren. Wenn ich mich gleich erinnert hätte, wer Sie sind, dann hätte ich Sie nicht angesprochen.

Ach, so einer sind Sie.

Wie? Was meinen Sie damit?

Einer, der mit solchen Frauen gar nicht spricht.

Nein, nein, verstehen Sie mich nicht falsch ...

Schon gut. Ich bin vielleicht ein bißchen überempfindlich. Ist vielleicht auch verständlich bei meinen Erfahrungen. Da empören sich bestimmte Leute in der Öffentlichkeit mit lauten und frommen Worten über mich. Im Dunkeln aber flüstern sie mir das Gegenteil davon ins Ohr.

Nein, nein, so einer bin ich nicht! Bestimmt nicht. Ich bin überhaupt – äh –

Ein moralisch hochstehender und ethisch einwandfreier Mensch – wollten Sie das sagen?

Nicht das, aber schon so was Ähnliches. Aber da fiel mir ein,

was Jesus auf dem Tempelplatz gesagt hatte, und da wollte ich
lieber schweigen.

Sie tun gut daran.

Ich hatte aber mit Ihrer Anklage nichts zu tun, kam nur mit
herbei, als alles Volk zusammenströmte. Ich gebe zu, daß ich
sicher auch zugesehen hätte, wenn Sie gesteinigt worden wä-
ren. Aber den ersten Stein werfen und damit sagen: Ich bin
ohne Sünde – nein, nein, da habe ich mich doch lieber ver-
krümelt.

Wie Sie sehen, lebe ich noch.

Niemand hat sich getraut, anzufangen?

Ich hätte gar nicht gedacht, daß sie so viel Selbster-
kenntnis aufbringen. Jedenfalls waren sie auf einmal
alle verschwunden.

Das läßt sich nur so erklären, daß sie gar nicht so sehr an Ih-
rer Verurteilung interessiert waren.

Nicht interessiert? Na, hören Sie mal! Wie die in meine
Wohnung eingedrungen sind und mich dann auf die
Straße gezerrt haben! Wie sie mich gepackt und vor
sich her gestoßen haben! Ich hatte sehr wohl den Eindruck, daß sie mich verurteilt sehen wollten.

Mag sein, aber in erster Linie ging es ihnen um Jesus.

Um Jesus? Wieso?

Sie wollten ihm eine Falle stellen.

Eine Falle?

Ganz offensichtlich! Sie haben doch gehört, wie sie ihn frag-
ten: Mose hat geboten, Ehebrecher zu steinigen. Was sagst
du?

Das haben sie gefragt, ja.

Wenn sie nur wollten, daß Sie gesteinigt werden, hätten sie

*dazu Jesus nicht gebraucht. Sie wußten ja, was im Gesetz
steht.*

Aber es ist schon lange keiner mehr gesteinigt worden.
Weil die Römer sich die Todesurteile selbst vorbehalten
haben.

*Eben. Das war ja ihr Trick. Hätte Jesus gesagt: Sie soll gestei-
nigt werden, hätten sie ihn bei den Römern anzeigen können.
Hätte er gesagt: Steinigt sie nicht, hätten sie allem Volk ver-
kündigen können: Jesus hält sich nicht an das Gesetz.*

Tatsächlich! Das ist mir gar nicht aufgefallen!

Verständlich. Für Sie ging es ja um Leben und Tod.

Typisch für diese Sorte Männer, Jesus so eine Falle zu
stellen. Und typisch auch, daß sie mich nur als Mittel
zum Zweck gebrauchten!

*Aber Jesus hat auf unnachahmliche Weise den Kopf aus der
Schlinge gezogen.*

Nicht nur!

Was meinen Sie damit?

Er hat nicht nur sich selbst aus der Falle herausge-
bracht, sondern nebenbei auch noch den Anklägern
eine andere Falle gestellt.

*So daß alle von ihrem Gewissen überführt wurden. Und das
mit nur einem Satz! Bewundernswert! Was für ein kluger
Meister! Ich werde umdenken müssen. Angefangen habe ich
schon.*

Am bewundernswertesten fand ich nicht seine Klug-
heit, sondern seine erbarmende Liebe.

Wie ging denn die Sache aus?

Als alle gegangen waren und ich allein vor ihm stand,
sah er von seiner Beschäftigung auf...

Was für eine Beschäftigung?

Er schrieb in den Sand.

Was schrieb er denn?

Ich weiß es gar nicht, hatte auch überhaupt kein Interesse daran.

»Die Abtrünnigen müssen auf die Erde geschrieben sein.«

Wie bitte?

Ach, ich zitierte nur Jeremia. Vielleicht wollte Jesus an das Wort erinnern.

Ich glaube eher, er wollte extra nicht hochsehen, um den Leuten zu ermöglichen, sich ohne Gesichtsverlust zu verdrücken.

Meinen Sie? Na – wie auch immer. Er blickte jedenfalls auf und sah, daß Sie allein dastanden.

Richtig. Dann fragte er: »Hat dich niemand verurteilt?« Was sollte ich ihm antworten? »Herr, niemand«, sagte ich nur. Und er erwiderte: »Dann verurteile ich dich auch nicht. Gehe hin und sündige in Zukunft nicht mehr.«

Und da sind Sie gegangen.

Ich bin gegangen und habe mir vorgenommen, nicht mehr zu sündigen. Jedenfalls nicht mehr die Sünde des Ehebruchs zu begehen, um die es hier ging.

Dabei – Sie entschuldigen, wenn ich das so sage – er hätte den ersten Stein werfen können. Denn wer kann ihm eine Sünde nachweisen!

Aber er hat es nicht getan.

Nein. Jesus und Steine werfen, das paßt wohl nicht zusammen.

Er hat eine andere Art, mit der Sünde fertig zu werden,

als die Sünder zu töten. Er vergibt ihnen, beschenkt sie mit Liebe und läßt sie noch einmal neu anfangen. Ja, so ist Jesus.

Blindgeborener: Sehender unter Umnachteten
(Johannes 9)

Verzeihung – sind Sie nicht...?
Doch, ich bin's.
Hä?
Ich bin's.
Aber Sie wissen doch noch gar nicht, wen ich meine.
Ich kann's mir aber denken. Ich bin der Blindgeborene,
der immer an der Straßenecke saß und bettelte.
Das meinte ich, ja. Wie kommen Sie denn darauf?
Ach, wissen Sie, es haben mich in den letzten Tagen so
viele Leute deswegen angesprochen – ich bin direkt
eine öffentliche Persönlichkeit geworden.
*Ja, aber wie kommt es denn, daß Sie auf einmal sehen
können?*
Jesus hat mich gesund gemacht.
*Jesus? Ach, dann sind Sie sicher der Anlaß für den Ärger bei
den Schriftgelehrten. Man erzählt sich, da soll es allerhand
Streit gegeben haben. Wegen Jesus.*
Das ist ja eigentlich nichts Neues.
*Nein, sie haben sich schon immer über ihn aufgeregt. Und
diesmal waren Sie der Anlaß?*
Das kann man so sagen, ja.
*Wollten sie Ihnen nicht glauben, daß Jesus Sie gesund ge-
macht hat?*
Ich weiß nicht, was sie wirklich glaubten. Jedenfalls
paßte das überhaupt nicht in ihr Konzept. Und was
man nicht glauben will, glaubt man ja auch meistens
nicht.

Aber daß Sie nun sehen können, konnten die Herren ja wohl nicht leugnen.

Sagen Sie das nicht. Wer nicht glauben will, sucht so lange nach Gegenargumenten, bis er welche findet. Sie behaupteten sogar, daß ich gar nicht der Blinde sei. Sie haben noch meine Eltern rufen lassen. Aber als die es bestätigten, konnten sie nicht mehr daran rütteln.

Wie ich die Herren kenne, haben sie sich etwas Neues einfallen lassen.

Da kennen Sie sie richtig. Ich mußte immer und immer wieder meine Geschichte erzählen...

Tut mir leid, daß ich Sie nun auch noch ausquetsche.

Das macht nichts. Wenn einer wirklich hören will, was passiert ist, ohne Vorurteile gegen Jesus, dann erzähle ich's gerne. Ich mußte also die Sache so oft erzählen, daß mir der Geduldsfaden riß. Ich fragte, ob sie auch seine Jünger werden wollten, daß sie sich so genau erkundigten. Sie hätten mal sehen sollen, wie die hochgingen!

Kann ich mir denken! Aber es war nichts, wo sie einhaken konnten?

Sie bestritten schließlich nicht mehr, daß Jesus mir das Augenlicht wiedergegeben hatte. Aber sie behaupteten, er hätte das nicht in der Kraft Gottes getan, sondern in der Kraft des Teufels.

Ach, du meine Güte! Und wie wollten sie das beweisen?

Mit dem Sabbatgesetz. Es war doch Feiertag, als Jesus mich gesund machte. Und da er mir auch noch dabei einen Brei auf die Augen geschmiert hatte, sahen sie das Sabbatgesetz als übertreten an.

Und weil Jesus am Sabbat gearbeitet hat, hat er – nach der Logik der Herren – Gottes Gebot übertreten, konnte also nicht in seinem Sinn gehandelt haben...

Sondern im Sinne des Teufels.

Also, das finde ich wirklich überspitzt.

Klarer Fall: Eine gute Tat, am Sabbat verübt, ist eine schlechte Tat.

Regen Sie sich nicht auf! Ich meine, ich verstehe Ihre Entrüstung, aber wer weiß, ob wir nicht beobachtet werden...

...da sieht man, wohin diese engstirnige Gesetzlichkeit führt.

Leiser, guter Mann! Leiser!

Die wissen inzwischen, wie ich über sie denke. Und ich bin nicht gewillt, die Wahrheit zu verschweigen, nur weil sie den Mächtigen nicht paßt.

Ja, ja, das ist so eine Sache mit der Wahrheit. Jeder biegt sie sich so zurecht, wie sie ihm am besten paßt. Ich bewundere Ihren Mut, sich so klar zur Wahrheit zu stellen.

Nicht nur zur Wahrheit. Zu Jesus. Ich hab' mich nicht nur zwischen Lüge und Wahrheit zu entscheiden, sondern zwischen sündigen Menschen und dem Sohn Gottes.

Sohn Gottes? Wen meinen Sie damit? Etwa...

Natürlich Jesus!

Aber um Gottes willen, Mann! Sagen Sie so etwas nicht so voreilig, und vor allem nicht so laut! Ich kann ja verstehen, daß Sie von ihm begeistert sind, wo er Sie sehend gemacht hat. Aber gleich vom Sohn Gottes zu reden! Es hat schon öfter Wundertäter gegeben, aber die waren doch nicht alle Söhne Gottes!

Nein, aber dieser. Er hat es selbst gesagt!

Er hat es selbst gesagt?

Ja. Nachdem mich die Pharisäer wütend vor die Tür gesetzt hatten, traf ich ihn wieder. Gesehen hatte ich ihn ja noch nicht, aber ich erkannte ihn sofort an der Stimme. Er fragte, ob ich an den Sohn Gottes glaube. Ich wußte nicht, wen und was er meinte, aber ich war bereit, alles anzunehmen, was er mir sagte. Wer mich von meiner angeborenen Blindheit geheilt hat, der verdient auch mein volles Vertrauen.

Und da sagte er, er selbst sei der Sohn Gottes?

Genau. Ich fiel vor ihm auf die Knie. Und er sagte etwas, das ich nicht gleich richtig verstand. Er sei gekommen, damit die Blinden sehend werden – klar, das war bei mir geschehen. Aber auch, daß die Sehenden blind werden.

Ach? Das habe ich noch nie gehört.

Er meint es im übertragenen Sinn. Und wissen Sie, was ich vermute? Er sprach von den Pharisäern. Sie können sehen, aber sie sind blind für die entscheidende Wahrheit, daß Jesus Gottes Sohn ist.

Meinen Sie? Hm. Ich fürchte, dann bin ich auch noch blind. Ich werde mich drum bemühen, sehend zu werden.

Maria von Bethanien: Verschwenderin mit Verheißung
(Johannes 12)

Man erzählt sich im Dorf seltsame Dinge von dir, Maria.
Seltene, aber nicht seltsame.
Also, wenn das Gerücht stimmt, finde ich das nicht nur selten, sondern auch ausgesprochen seltsam, um es gelinde auszudrücken.
Was sagt es denn, das Gerücht?
Du hättest eine Flasche mit äußerst wertvollem Würzöl vergeudet, um Jesus, dem Galiläer, die Füße zu salben.
»Vergeudet« – das ist nicht richtig, aber alles andere stimmt.
Du hast wirklich ein Öl mit einem Wert, das dem Jahresverdienst eines Tagelöhners entspricht, einfach so ausgegossen, in einem Augenblick?
Ja.
Aber Maria! Wie kannst du nur so etwas tun? So ein Schatz! Eine Sicherung für euer Alter wäre das Öl gewesen! Und du verschüttest es in einem Anflug von religiöser Schwärmerei – entschuldige bitte, ich will deine frommen Gefühle nicht verletzen, aber man muß doch auch in diesen Dingen nüchtern sein.
Nüchtern! Das sagte Judas auch. Aber Jesus hat ihn zurechtgewiesen.
Klar, daß dein Jesus dich unterstützt hat. Er kam ja in den Genuß...
Sprich nicht so von ihm. Er nahm nie etwas für sich, was über den Bedarf zum täglichen Leben hinausging.

Und warum hat er es diesmal angenommen? Oder wenigstens, wenn er dein Opfer nicht verhindern konnte, es nicht hinterher gerügt?

Er sagte, das sei schon eine Salbung im Vorgriff auf seinen Tod. Er werde bald sterben und...

Na, hör' mal, das ist ja makaber! Kommt da einer und läßt sich salben wie ein Toter! Also, ich würde mich wehren, wenn mir jemand so den Tod ins Haus brächte!

Er brachte nicht den Tod. Er brachte das Leben!

Wieso?

Sag nur, du weißt nicht, was mit Lazarus passiert ist!

Ach so, das meinst du. Hm. Aber mit der Auferweckung deines Bruders wollte er euch doch etwas Gutes tun, oder?

Natürlich.

Warum läßt er sich's denn dann bezahlen mit...

Du siehst das völlig falsch. Das sollte doch keine Bezahlung sein, sondern ein Geschenk. Aus Liebe, aus Dankbarkeit. Wenn ich ihn hätte bezahlen wollen, hätte ich ihm die Flasche unzerbrochen geben müssen.

Ich verstehe, daß du ihm dankbar warst. Aber deswegen muß man sich doch nicht gleich arm schenken.

Bei Jesus kann man sich nicht arm schenken. Man kann sich nur reich schenken!

An dir ist ein Philosoph verlorengegangen, Maria! Du bist viel zu gefühlvoll, viel zu mystisch. Da ist deine Schwester Martha aus anderem Holz geschnitzt. Viel praktischer, viel nüchterner...

Sie liebt und verehrt Jesus genauso wie ich.

Ja eben, das will ich ja gerade sagen. Sie liebt und verehrt ihn genauso wie du, aber ohne sich im Gefühlsüberschwang zu

solchen Kurzschlußhandlungen hinreißen zu lassen. Was hat
sie überhaupt dazu gesagt?
Ich weiß nicht, was sie im ersten Moment dachte. Aber
als Jesus mein Handeln gelobt hatte, konnte sie es natürlich nicht verurteilen.
*Sie ist jedenfalls nüchterner, überlegter als du, Maria. Und
da solltest du dir mal ein Beispiel dran nehmen. Nimm's mir
nicht übel, es geht mich ja eigentlich nichts an. Aber es ist
einfach als ein guter Rat gedacht. Laß dich nicht so von dei-
nen Gefühlen leiten, sondern mehr vom Verstand... Du
guckst so skeptisch. Stimmst du mir nicht zu, daß dein Verstand meistens wenig Einfluß auf dein Handeln hat?*
Doch, ich stimme dir zu. Jesus sagte z. B. prophetisch,
daß dies eine Vorbereitung auf seinen baldigen Tod sei.
Mit dem Verstand wäre ich da nie drauf gekommen.
*Hm. Du magst recht haben, es gibt natürlich Dinge, die sind
höher als unsere Vernunft. Aber – hm...*
Mir mag vielleicht manchmal die Nüchternheit fehlen.
Aber nur von der Nüchternheit bestimmt zu sein, ist sicher nicht besser. Ist es so verkehrt, wenn ein Mensch
auch einmal ohne vernunftsgemäße Absicherung handelt, spontan, aus der augenblicklichen Empfindung
heraus?
N...nein, das sicher nicht.
Und nun stell dir die Situation vor: Wir sind zu einem
kleinen Festessen zusammen. Bei uns in der guten
Stube sitzen sie alle, die ich so gut kenne und an deren
Lebensgeschichte ich die Liebe Gottes und seines Christus ablesen kann: Da ist der Zöllner, der seine anrü-
chigen Geschäfte aufgegeben hat, der Zelot, der ehe-

malige Widerstandskämpfer, der sein Messer zu Hause gelassen und seine Guerillatätigkeit aufgegeben hat. Da sind die unterschiedlichsten Typen und Temperamente zusammen, alle eins geworden durch Jesus. Und mitten unter ihnen sitzt mein eigner Bruder, der noch vor kurzem tot war. Tot und begraben und schon im Stadium der einsetzenden Verwesung. Aber wieder lebendig gemacht durch Jesus. Was für eine überwältigende Fülle von Beweisen ist um diesen Tisch zusammen, von Beweisen für die Macht und Liebe Jesu. Und dann geht mein Blick zu ihm hin. Ihm, dem Meister, der nicht nur diesen Männern, sondern auch mir so viel bedeutet. Wie oft habe ich zu seinen Füßen gesessen und Worte der Erkenntnis über Gott, Worte der Freude, Worte des Trostes in mich aufgesogen. Ich weiß es inzwischen, daß er der von Gott gesandte Messias ist. Der Messias aber, der nicht mit brutaler Macht Gehorsam erzwingt, sondern der sich erbarmt über uns Menschen, Sünde vergibt, Liebe erweist, aus Not rettet.

Und nun will dieser geliebte Meister nach Jerusalem gehen, wo seine Feinde auf ihn warten und ihn umbringen wollen. Ich ahne, daß ich ihn zum letzten Mal sehe. So gerne möchte ich ihm meine Dankbarkeit zeigen, meine Liebe. Aber wie? Das Öl fällt mir ein, der kostbarste Besitz, den ich habe.

Ich verstehe.

Es paßte einfach nicht, jetzt zu fragen, wie sich vielleicht noch ein paar Groschen sparen ließen. Das hätte dem Sinn der Salbung widersprochen, nämlich meine ganze Liebe zu ihm auszudrücken.

Hm. Das ist richtig, ja. Und da hast du das ganze Gefäß ...
Natürlich habe ich das ganze Gefäß ausgegossen. Der
Duft erfüllte das Haus und unterstrich unsere Fest-
freude. Das heißt, er hätte sie noch mehr unterstrichen,
wenn nicht Judas protestiert hätte mit seiner »nüchter-
nen« Rechnerei.
*Du hast recht, Maria – wenn du das so schilderst. Nimm's
mir nicht übel, daß auch ich an dir herumgemäkelt habe.*
Das macht nichts. Jesus hat es angenommen. Und das
ist das Wichtigste.

Kämmerer aus Äthiopien: Finanzminister auf Schatzsuche
(Apostelgeschichte 8)

Verzeihung, haben Sie noch Platz? Ich will nicht aufdringlich sein, aber die Herberge ist klein...

Setzen Sie sich nur. Habe heute schon durch einen Fremden viel Segen empfangen, der ein Stück auf meinem Wagen mitfuhr.

Segen? Nun, den werden Sie durch mich nicht unbedingt erwarten können.

Ich hatte wichtige geistliche Fragen, und er konnte sie mir beantworten.

Da müßte ich passen. Aber ich hätte einige Fragen, wenn Sie die nicht als zudringlich empfinden.

Fragen Sie nur!

Sie sind so vornehm gekleidet und reisen mit kostbarem Gespann...

Ich bin ein Minister.

Oh, ein Minister!

Genieren Sie sich nicht. Ein Minister ist auch nur ein Mensch. Ich bin ein Schatzmeister der Königin unseres Landes.

Unseres Landes – wenn ich Ihr Aussehen richtig deute, muß das irgendwo im Süden sein?

Richtig, wir nennen es Kusch. Bei Ihnen sagt man wohl Äthiopien dazu.

Sie sprechen aber gut hebräisch.

Zwischen unseren beiden Ländern besteht traditionell eine gute Beziehung. Seit den Tagen ihres früheren

Herrschers Salomo, der unsere Königin zu Gast hatte. Die Gebildeten unseres Landes lesen Ihre religiöse Literatur in der Originalsprache.

Erstaunlich!

Und doch mußte ich hierherkommen, um sie zu verstehen.

Ja, wir haben gute Schriftgelehrte, besonders in Jerusalem...

Nein, nein, das war es nicht. Die haben mich eher enttäuscht.

Enttäuscht? Aber wieso denn das?

Ja, sehen Sie, der religiöse Kult in Ihrem Volk ist nichts für mich. Ich gehöre nicht dazu. Ich darf noch nicht einmal in den Tempel.

In den Tempel dürfen Sie nicht, das ist richtig. Aber sonst... Die Weisheit der alten Schriften, die kenntnisreiche und fundierte Auslegung unserer Theologen – das ist doch etwas, was sich sehen lassen kann. Ich meine, unsere Religion kann sich durchaus messen mit anderen.

Das ist es nicht. Ich suchte nicht etwas, was den Verstand befriedigt, sondern das Herz.

Das Herz? Sie als Intellektueller...

Glauben Sie, ein Intellektueller habe kein Herz?

Natürlich haben Sie auch Gefühle. Aber wenn Sie Schatzmeister sind, du meine Güte, da können doch keine Wünsche offenbleiben. Andere würden sich die Finger danach lecken, nur ein Zehntel Ihres Monatsgehalts im Jahr zu bekommen. Sie können sich doch alles kaufen, was das Herz begehrt.

Meinen Sie das wirklich? Meinen Sie, wenn zum Beispiel mein Herz Geborgenheit und einen Sinn des Lebens begehrt, könnte ich mir das kaufen?

Hm, vielleicht habe ich mich etwas verkehrt ausgedrückt. Ich meine, wenn Sie in Saus und Braus leben können, keine Sorgen haben – also ich meine: keine äußeren Sorgen – ja, was wollen Sie da noch? Und geehrt werden Sie außerdem noch als Minister. Wenn Sie unzufrieden sind, was sollen dann wir kleinen Leute sagen?

Ich verstehe Ihre Gedanken schon, aber glauben Sie mir, auch ein Reicher kann innerlich bettelarm sein. Auch einer, der sich viele Vergnügungen leisten kann, sehnt sich manchmal vergeblich nach wirklicher Freude. Auch einer, der die Achtung vieler Menschen genießt, braucht die persönliche Zuwendung Gottes.

Hm. Wenn Sie das so sagen – das leuchtet mir schon ein. Und deshalb haben Sie die religiöse Literatur gelesen?

Ich wollte in Verbindung kommen mit dem Gott, von dem man bei uns lehrte, daß die Juden ihn anbeteten: den einzigen wahren Gott. Erschaffer von Himmel und Erde.

Und deswegen reisten Sie nach Jerusalem?

Richtig. Und wurde enttäuscht.

Es tut mir leid für Sie, Herr Minister.

Ich brauche Ihnen nicht leid zu tun; denn jetzt habe ich ja gefunden, was ich suchte.

Sie haben...?

Ich sprach doch eben von dem Fremden, der mit mir auf dem Wagen fuhr.

Und der hat Ihnen...

Das war so: Ich las gerade Jesaja. Sie kennen doch sicher diesen großen Propheten?

Aber natürlich, Jesaja – den kann ich fast auswendig.

Gerade war ich an der Stelle, wo der Prophet davon spricht, daß jemand wie ein Schaf zur Schlachtbank geführt wird...

»Da er gestraft und gemartert ward, tat er seinen Mund nicht auf wie ein Lamm, das zur Schlachtbank geführt wird, und wie ein Schaf, das verstummt vor seinem Scherer.«

Richtig, so hieß es da. Ich bedachte den ganzen Zusammenhang und überlegte, wer wohl hier gemeint sein könne. Wenn ich das richtig verstand, dann war hier von einem Opfer die Rede, das jemand aus Liebe brachte, um andere – vielleicht sogar mich – von Schuld freizumachen. Dann war jemand aus der ewigen Welt Gottes gekommen und hatte nicht nur religiöse Gedanken geäußert und Bücher geschrieben, sondern hatte sich selbst gegeben um der Menschen willen. Das war ein faszinierender Gedanke. Wenn es so etwas gäbe, dachte ich, wäre es genau das, was ich seit Jahren vergeblich gesucht hatte. Die Frage war nur: Hatte ich das richtig verstanden? Und von wem redete der Prophet?

Naja, mit diesen Stellen haben unsere Theologen einige Mühe. Die übliche Auslegung geht dahin, daß unser Volk...

Sie brauchen sich keine Mühe zu geben. Das Rätsel ist gelöst.

Gelöst? Dann wissen Sie mehr als ich.

Plötzlich stand da ein Mann vor meinem Wagen und sah, daß ich las.

Ach ja, Ihr Mitreisender. Und der konnte Ihnen das alles erklären?

Er sprach mich an und fragte: Verstehn Sie, was Sie le-

sen, Herr Minister? Ich bat ihn herauf auf den Wagen.
Und er sagte, der Prophet rede hier von Jesus.
Jesus? Was für ein Jesus?
Der vor kurzem in Jerusalem gekreuzigt wurde und...
Ach, der Galiläer. Ja, ich habe davon gehört.
Er wurde gekreuzigt, obwohl er unschuldig war. Fällt
Ihnen etwas auf? Genau wie bei Jesaja angekündigt. Er
hat viele Wunder getan...
Ja, es wurde viel davon erzählt...
Und damit hat er seine Göttlichkeit bewiesen. Und am
dritten Tag nach seinem Tod ist er wieder auferstan-
den. Alles das hat der Mann mir erklärt, so daß ich gar
nicht anders konnte, als es zu glauben. Und zwar in der
Weise zu glauben, daß es auch für mich gültig war.
*Auch für Sie? Sie meinen, daß Gott auch die Äthiopier im
Auge hat?*
Aber ja doch! Alle können nun zu seinem Volk gehö-
ren, wenn sie an ihn glauben. Zum Zeichen dafür lassen sie sich taufen und...
*Das ist mir alles sehr neu. Wissen Sie, dieser Mann, der Ih-
nen das alles erzählt hat...*
...ist nicht mehr da. Als er mich getauft hatte, war er
schnell verschwunden. Aber gehen Sie mal nach Jerusalem und fragen Sie nach den Christen. Da werden
Sie Leute finden, die Ihnen das alles erklären können.
*Hm. Vielen Dank für den Tip. Und fröhliche Reise, Herr Mi-
nister!*

Vom gleichen Verfasser in unserem Verlag erschienen:

Mein Name ist...
Menschen der Bibel stellen sich vor
238 Seiten, kartoniert, Bestellnummer 13095

»Und Josua machte sich auf...«
In diesem Stil berichtet die Bibel von den Menschen des
Alten und Neuen Bundes. Der Verfasser dieser Kurz-
biographien hingegen läßt sie in der ersten Person von
sich erzählen, und 16 bekannte Gestalten werden darüber ganz neu für den Menschen von heute lebendig.
Noah, Isaak, Joseph, Josua, Samuel, Elia, Hiob, Hosea,
Hiskia, Jeremia, Daniel, Jona, Johannes der Täufer,
Markus, Lukas und Timotheus – sie alle erzählen von
ihrem Glauben und Zweifeln, Fallen und Wiederauf-
stehen.

Ich war Augenzeuge
160 Seiten, kartoniert, Bestellnummer 13140

Augenzeugen berichten anders als Leute, die eine
Nachricht aus zweiter Hand weitergeben. Siebzehn
Männer und Frauen aus der Zeit des Neuen Testa-
ments erzählen hier, wie sie Jesus begegneten – und
von den Folgen, die das für ihr Leben hatte.
Die Beiträge beider Bücher hat bereits der Evange-
liums-Rundfunk ausgestrahlt. Sie haben bei vielen Hö-
rern große Resonanz hervorgerufen. Auch als Vorlese-
stoff sind sie gut geeignet.

Trauer schmilzt wie der Schnee :
178 Seiten, kartoniert, Bestellnummer 13170

Was wissen die Sauters eigentlich voneinander? Bei einem Familientreffen beginnen sie plötzlich zu erzählen: von Angst, Schuld und dunklen Bedrohungen. Aber das Beherrschende in ihren Berichten ist doch, was Jesus für ihr Leben geworden ist. Dabei wird die umgestaltende Kraft Christi deutlich, und die Trauer um das zu Ende gehende Leben der von allen geliebten Großmutter »schmilzt wie der Schnee« durch die Kraft der Hoffnung auf die Herrlichkeit bei Christus.
Auch gut zum Vorlesen geeignet in der Passionszeit und zu Ostern.

Vier in einer Kajüte
208 Seiten, kartoniert, Bestellnummer 13183

Ende des 18. Jahrhunderts: Vier Männer, unterschiedlich in Alter, Herkunft und Wesensart, teilen eine Kajüte für die Fahrt zu den Karibischen Inseln. Sie sind sich fremd. Aber dramatische Ereignisse zwingen sie, voneinander mehr Notiz zu nehmen, als ihnen lieb ist. Eingeschlossen in einem engen Raum, beginnt einer nach dem anderen seine Lebensgeschichte zu erzählen. Diese in eine spannungsreiche Handlung auf dem Schiff eingebetteten Geschichten geben die Kämpfe wieder, die jeder auf seine Weise durchgefochten hat und die nicht ohne Wirkung auf Charakter und Weg geblieben sind. Erst der gelebte Glaube eines Mitreisenden zerbricht all die Zwänge von Angst und Schuld.

Ein spannungsgeladenes Buch, das einen Weg aus Sinnlosigkeit und Ichsucht zeigt.